AF748669

मोक्ष

रिवॉर्ड नहीं, सिर्फ़ री-अलाइनमेंट

संदीप चव्हाण

Published By
Gyrus Vision

GYRUS VISION

Copyright

मोक्ष: रिवॉर्ड नहीं, सिर्फ़ री-अलाइनमेंट

© 2025 संदीप जे. चव्हाण

सर्वाधिकार सुरक्षित।

इस पुस्तक का कोई भी अंश—चाहे पाठ, उद्धरण, तालिका, चित्र या डिज़ाइन—लेखक की पूर्व लिखित अनुमति के बिना किसी भी रूप में पुनरुत्पादित, संग्रहीत या प्रसारित नहीं किया जा सकता। इसमें इलेक्ट्रॉनिक, यांत्रिक, फोटोकॉपी, रिकॉर्डिंग या किसी अन्य माध्यम का उपयोग भी शामिल है।

यह पुस्तक लेखक की मौलिक रचना है। इसमें व्यक्त विचार और दृष्टिकोण लेखक के निजी अध्ययन, अनुभव और शोध पर आधारित हैं।

प्रकाशक या वितरक इन विचारों की व्यक्तिगत व्याख्या या उनके परिणामों के लिए उत्तरदायी नहीं होंगे।

ISBN: 978-81-994170-5-2

अस्वीकरण

यह पुस्तक किसी धार्मिक, राजनीतिक या सांप्रदायिक दृष्टिकोण का प्रतिनिधित्व नहीं करती। यह न तो किसी परम्परा के विरुद्ध है और न ही किसी परम्परा को श्रेष्ठ ठहराने का प्रयास।

इसमें प्रस्तुत विचार, व्याख्याएँ और दृष्टिकोण लेखक के स्वतंत्र चिंतन और शोध पर आधारित हैं। ये पाठक को प्रेरित करने और आत्म–अन्वेषण की ओर ले जाने हेतु लिखे गए हैं।

यह पुस्तक किसी प्रकार की चिकित्सा, मानसिक स्वास्थ्य उपचार, या जीवन–निर्णयों के लिए पेशेवर सलाह का विकल्प नहीं है। यदि पाठक किसी भी प्रकार की स्वास्थ्य या व्यक्तिगत समस्या से जूझ रहे हैं, तो उन्हें उपयुक्त विशेषज्ञ की सलाह लेनी चाहिए।

पाठक से विनम्र अनुरोध है कि वे इन पन्नों को *अनुसरण* करने के बजाय *अनुभव* करने का प्रयास करें। इस पुस्तक का उद्देश्य किसी को बदलना नहीं, बल्कि केवल यह याद दिलाना है कि *आप पहले से ही पूर्ण हैं।*

उन विद्यार्थियों और पाठकों के नाम,
जिन्होंने बार–बार आग्रह किया—
"हमें यह हिन्दी में भी चाहिए।"
आपकी जिज्ञासा और आपकी माँग ही इस संस्करण का कारण बनी।
यह पुस्तक आपको ही समर्पित है।

"संवाद में सत्य, निर्णय में सजगता, पीड़ा में उपस्थिति, और दिनचर्या में मौन—यही मोक्ष को जीवन में लाने के साधन हैं।"

प्रारंभिक टिप्पणी

हमने "मोक्ष" शब्द को मंदिरों की दीवारों पर फुसफुसाहट की तरह सुना है। प्रवचनों में इसे ऊँचे मंच से पुकारते देखा है। और ग्रंथों की गहराइयों में इसे दफ़न पाया है।

हमें बताया गया कि यह दुःख का अंत है। पुण्य का पुरस्कार है। इस जन्म–मरण के चक्र से अंतिम मुक्ति है।

पर क्या यह सचमुच इतना ही है? क्या हो अगर *मोक्ष* भागने का नाम नहीं — बल्कि *वापसी* का नाम हो? क्या हो अगर यह किसी दूर के लोक में मिलने वाला उपहार नहीं, बल्कि यहीं, अभी, जीवन के बीच घटने वाला *परिणाम* हो?

मोक्ष को समझने के लिए हमें किसी धर्मशास्त्र या जटिल आध्यात्मिक शब्दजाल की ज़रूरत नहीं है। यह पलायन नहीं है, यह कोई रहस्य नहीं है। यह है *अलाइनमेंट* का *परिणाम* — जब *रिपल* अपना पूरा चक्र पूरा करता है। जब *फ़ील्ड* और *ऑब्ज़र्वर* दर्पण-समान हो जाते हैं। और *टाइम* अपने सारे भेद-भावों के साथ "अब" में घुल जाता है।

इस किताब में न तो आपको प्रवचन मिलेगा, न उपदेश। ना ही कोई धार्मिक प्रणाली या उधार का दर्शन। यहाँ केवल कच्ची लॉजिक है — वैसी ही जैसी *यूनिवर्सल एनर्जी डायनामिक्स (यूईडी)* के लेंस से दिखाई देती है।

यहाँ भाषा भी अलग है। *रिपल* की भाषा। *परिणामों* की भाषा। *अलाइनमेंट* और *इंटेंट* की भाषा।

इसलिए यहाँ कोई रोमांचक कथा नहीं होगी। लेकिन अगर आप इसे धीरे और ईमानदारी से पढ़ेंगे, तो कहीं भीतर कुछ ज़रूर गूंजेगा। क्योंकि मैंने कहा — इसलिए नहीं। बल्कि इसलिए कि भीतर कहीं — आप पहले से जानते थे।

यह पुस्तक कोई नक्शा नहीं है, जो आपको आगे ले जाएगी। यह एक दर्पण है, जो आपको वापस ले जाएगी। मूल *रेज़ोनन्स* की ओर। आपकी ओर।

— संदीप

प्रस्तावना

मैंने यह पुस्तक *मोक्ष* को परिभाषित करने के लिए नहीं लिखी। मैंने इसे उन *भ्रमों को हटाने* के लिए लिखा है, जो सदियों से इसके चारों ओर फैले हुए हैं।

बहुत समय से *मोक्ष* को एक *गंतव्य* माना गया है—एक दूर की जगह, जहाँ पहुँचना केवल संतों, ऋषियों या मृत्यु के बाद संभव है। हमने इसे रूपकों, कर्मकांडों, जन्म–पुनर्जन्म के चक्रों और स्वर्ग के वादों से ढक दिया। इतना कि *मुक्ति* का असली अर्थ शोर और धूल के पीछे कहीं खो गया।

पर क्या हो अगर *मोक्ष* कहीं बाहर नहीं है? क्या हो अगर यह किसी पुण्य का पुरस्कार नहीं—बल्कि जीवन को *अलाइनमेंट* में जीने का *स्वाभाविक परिणाम* है?

यह किताब आस्था से नहीं जन्मी। यह किताब *शांत अवलोकन* से जन्मी है। यह श्रद्धा से नहीं लिखी गई—बल्कि *ज़िम्मेदारी* से लिखी गई है। यह किसी को सत्य पर राज़ी करने के लिए नहीं, बल्कि वही दिखाने के लिए है, जो तब साफ़ दिखता है जब *धारणा स्थिर* हो जाती है।

यूनिवर्सल एनर्जी डायनामिक्स (यूईडी) पर अपने कार्य में मैंने जाना कि ब्रह्मांड विश्वास या भावनाओं से संचालित नहीं होता। यह चलता है *रिपल*, *इंटेंट* और *कॉंसिक्वेन्स* से। ये दार्शनिक धारणाएँ नहीं हैं—ये वास्तविकताएँ हैं, जो घटती रहती हैं, चाहे हम उन्हें मानें या न मानें।

इस समझ से *मोक्ष* कोई रहस्यमय अवधारणा नहीं रह जाता। यह बन जाता है एक *फ़ील्ड इवेन्ट*—वह क्षण जब *ऑब्ज़र्वर*, उसका *कर्म* और *यूनिवर्सल फ़ील्ड* पूर्ण *रेझोनन्स* में आ जाते हैं। न कोई विलम्ब। न कोई विकृति। न कोई शेष *रिपल*, जिसे फिर से अलाइन होना पड़े।

आप *मोक्ष* तक पहुँचते नहीं हैं। आप उसमें *वापस लौटते हैं*—जब कुछ भी ऐसा नहीं बचता जो उस फ़ील्ड को विचलित कर सके, जिससे आप स्वयं प्रकट हुए थे।

यह किताब उसी बिंदु तक लौटने की यात्रा है। यह धार्मिक के लिए नहीं लिखी गई, न ही नास्तिक के लिए। यह दार्शनिकों या भौतिकशास्त्रियों के लिए भी नहीं लिखी गई। यह उन सभी के लिए है, जिन्होंने कभी चुपचाप अपने भीतर यह प्रश्न किया है— "क्या कोई ऐसा मुक्त होने का मार्ग है, जिसमें सब कुछ छोड़ना न पड़े?"

है। और वह मार्ग उतना ही सरल, शांत और सुंदर है— जितना अधिकांश लोग स्वीकार करने की हिम्मत भी नहीं करते।

आप इस पुस्तक को पूरा करने के बाद *प्रबुद्ध* न हों—यह संभव है। लेकिन यदि इसे पढ़ने के बाद आपके *इंटेंट* और *अलाइनमेंट* के बीच का विलम्ब थोड़ा भी घट गया, तो हम पहले ही *मुक्ति* को छू चुके होंगे।

विषय-सूची

भाग १ – गलत समझी गई स्वतंत्रता

१ : "क्या "मोक्ष नहीं है

सदियों से मानवता ने अपनी ही गहरी *लालसा* को गलत समझा है। जिसे हम *मुक्ति* कहते आए हैं, वह रूपकों, कर्मकांडों और सांस्कृतिक मान्यताओं की परतों में लिपट गई। ये परतें *अवलोकन की कसौटी* पर टिकती ही नहीं।

मोक्ष शब्द—असंख्य भाषाओं, धर्मों और दर्शनों में बार-बार प्रयुक्त—अक्सर उस *रिक्त स्थान* की तरह बन गया है जहाँ हमारी समझ पहुँच नहीं पाती। इसे कभी *उद्धार* की फुसफुसाहट के रूप में बोला गया, कभी *जीवन के परम लक्ष्य* के रूप में पूजित किया गया, और बहुत बार इसे *पुण्य का अंतिम पुरस्कार* समझ लिया गया।

परंतु सत्य इससे कहीं सरल है—और कहीं अधिक सटीक भी। *मोक्ष न तो मृत्यु है, न संन्यास, और न ही कोई पुरस्कार।*

आइए सबसे पहले उस धुएँ को हटाएँ, ताकि ज्योति स्पष्ट दिख सके।

मोक्ष मृत्यु नहीं है

सबसे व्यापक भ्रांतियों में से एक है यह मानना कि *मोक्ष* शरीर की मृत्यु के बाद ही घटित होता है। अधिकतर परंपराएँ मृत्यु को आत्मा की मुक्ति मानती हैं—जैसे शरीर एक पिंजरा हो, और उससे निकलकर आत्मा किसी अन्य लोक में उड़ चली जाए। शरीर का अंत, और आत्मा का विलय—दिव्य, शाश्वत या निरपेक्ष में।

पर *यूनिवर्सल एनर्जी डायनामिक्स (यूईडी)* के लेंस से देखें, तो मृत्यु कुछ और ही है। मृत्यु केवल *रिपल डिसॉल्यूशन* है—अर्थात प्रकटित ऊर्जा का अपने मूल *फ़ील्ड* में लौट जाना।

लेकिन यह लौटना *अलाइन* होना नहीं है। यह *सचेत* नहीं है। यह *मोक्ष* नहीं है।

मृत्यु केवल एक *जैविक परिणाम* है, कोई *सचेत निष्कर्ष* नहीं। यह न आपकी *बुद्धि* की पुष्टि करता है, न आपके *कर्म* का मूल्यांकन। बहुत से लोग मरते हैं—अधूरे रिपल्स के साथ, अपूर्ण *अलाइनमेंट* के साथ, और विकृत इंटेंट की गूँज अभी भी फ़ील्ड में बिखरी रहती है।

मृत्यु को मुक्ति कहना ऐसा है जैसे मान लेना कि *निकास* ही *समाधान* है। पर यह सत्य नहीं है।

मोक्ष का स्वरूप

मोक्ष मृत्यु नहीं है। *मोक्ष* एक *फ़ील्ड इवेन्ट* है—इतना सटीक *रिपल अलाइनमेंट* कि अब किसी पुनः लौटने की आवश्यकता ही न रहे। क्योंकि कुछ भी शेष नहीं बचा जिसे *रिज़ॉल्व* करना पड़े।

कोई व्यक्ति मर सकता है बिना *मोक्ष* पाए, और कोई व्यक्ति पा सकता है *मोक्ष*—जीते-जी, बिना शरीर छोड़े।

दोनों समानार्थी नहीं हैं। वास्तव में, सबसे गहन *मोक्ष* जीवन के मध्य ही घटित होता है—जब *ऑब्ज़र्वर* और *फ़ील्ड* इतने अलाइन हो जाते हैं कि उसकी उपस्थिति तक फ़ील्ड को विचलित नहीं करती।

यह कोई कविता नहीं है। यह मापा जा सकता है—*विलम्ब* में, *विकृति* में, और *रिएक्शन* में। यह है *रियल-टाइम रिपल कोहेरन्स*। यथार्थ और प्रत्यक्ष।

मोक्ष संन्यास नहीं है

जिसे हमने *मोक्षी* का रूप माना है—गुफ़ा में बैठे संन्यासी का, पहाड़ की चोटी पर ध्यानमग्न भिक्षु का, या उस व्यक्ति का जिसने सभी सुख-दुख को ठुकरा दिया है—वह केवल एक *कल्पित छवि* है। हमारी अनुकूलन यही रही है कि दुनिया से मुँह मोड़े बिना उससे ऊपर उठना संभव नहीं।

पर क्या सचमुच *त्याग* ही *पार जाने की शर्त* है? क्या *अलगाव* ही *अलाइनमेंट* है? क्या *एकांत* ही *कोहेरन्स* है? क्या *भागना* ही *मुक्ति* है?

नहीं।

यूईडी हमें सिखाता है कि हर *रिपल* इंटरैक्ट करता है। फ़ील्ड कभी *इनऐक्शन* से बाईपास नहीं होता। कर्म से *पीठ फेरना* उसे मिटा नहीं देता। बल्कि कई बार *संन्यास*—यदि वह अहंकार, भय या बचाव की प्रवृत्ति से किया गया हो—*मोक्ष* को और *विलम्बित* कर देता है।

सच्ची मुक्ति

सच्ची मुक्ति जीवन से पलायन नहीं है। यह है जीवन के बीच रहते हुए भी उसमें *बिना व्यवधान के समाहित होना*।

यह भूमिकाओं, संबंधों या जिम्मेदारियों को ठुकराना नहीं है। यह है उनमें इस तरह *एंगेज* होना कि फ़ील्ड में कोई अतिरिक्त *टेंशन* उत्पन्न न हो। आपके द्वारा उत्सर्जित हर *रिपल* इतना *कोहेरेंट*, इतना *क्लीन* और इतना *कम्प्लीट* हो कि उसे दोबारा सुलझाने की आवश्यकता ही न बचे।

स्थान नहीं, स्वरूप

आप बाज़ार में रहकर भी मुक्त हो सकते हैं। विवाह में रहकर भी मुक्त हो सकते हैं। महानगर की भाग-दौड़ में रहकर भी मुक्त हो सकते हैं।

और यह भी संभव है कि आप मठ में रहकर भी गहरे उलझे रहें।

क्योंकि *मोक्ष* आपके शरीर की *भौगोलिक स्थिति* से तय नहीं होता। यह तय होता है आपकी *रिपल ज्योमेट्री* से।

मोक्ष पुरस्कार नहीं है

शायद यह सबसे घातक भ्रम है—यह मान लेना कि *मोक्ष* कोई *पुरस्कार* है। कि अगर आप नियमों का पालन करेंगे, कर्मकांड करेंगे, और पर्याप्त पुण्य इकट्ठा करेंगे—तो कोई *दिव्य सत्ता* आपको अंत में स्वतंत्रता भेंट कर देगी।

परंतु ब्रह्मांड *पक्षपात* पर नहीं चलता। ब्रह्मांड चलता है *अलाइनमेंट* पर।

यूईडी के अंतर्गत *लॉ ऑफ कॉंसिक्वेन्स (एलओसी)* हमें यह बताता है: हर *रिपल* को अंततः *इक्विलिब्रियम* में लौटना ही पड़ता है। इससे कोई नहीं बचता— न अधर्मी, न ज्ञानी।

फर्क केवल इतना है कि वे *रिपल्स* लौटते कैसे हैं— *अराजकता* के रास्ते से, या *कोहेरन्स* के रास्ते से।

मोक्ष का वास्तविक स्वरूप

मोक्ष को न कमाया जा सकता है, न जीता जा सकता है। यह तब घटित होता है जब *कर्मचक्र* अब और *विलम्ब* उत्पन्न नहीं करता। जब इंटेंट और फ़ील्ड इतने *सिंक* हो जाते हैं कि कोई भी *मिसअलाइनमेंट* शेष नहीं रहता।

आप *मोक्ष* जीतते नहीं। आप बस उन नये *रिपल्स* को उत्पन्न करना बंद कर देते हैं जिन्हें दोबारा *रियलाइन्मेंट* की आवश्यकता पड़े।

पुरस्कार नहीं, परिणाम

यह कोई पुरस्कार नहीं है। यह केवल परिणाम है।

जैसे किसी गेंद का गिरना गुरुत्वाकर्षण *कमाना* नहीं है— वैसे ही अपनी *रिपल* को अलाइन करना *मोक्ष कमाना* नहीं है।

वह स्वयं *मोक्ष* है।

स्पष्टता की मुक्ति

तो फिर *मोक्ष* क्या है, यदि वह मृत्यु नहीं, संन्यास नहीं और पुरस्कार नहीं?

यह है *विलम्ब का विलय*। यह है *विकृति का विसर्जन*। यह है *रिपल और फ़ील्ड* का पूर्ण *कोहेरन्स— ऑब्ज़र्वर* और *इंटेलिजेन्स* का दर्पण-समान मेल।

न कोई स्थान। न मृत्यु के बाद का पासपोर्ट। न कोई आध्यात्मिक ट्रॉफी।

मोक्ष है *रियल-टाइम रेझोनन्स* की अवस्था। यह घट सकता है किसी बातचीत में। किसी गहन *मौन* में। किसी *क्षमा* में। या जीवन में *पूर्ण सहभागिता* के क्षण में।

यह न तो नाटकीय है। न सजावटी है। न भावनाओं का तूफ़ान है। यह है *सटीकता*।

और यही कारण है कि अधिकांश लोग इसे *नज़रअंदाज़* कर देते हैं।

क्योंकि हमें प्रशिक्षित किया गया है *जादू* का पीछा करने के लिए, न कि *मैकेनिक्स* को समझने के लिए। हमें सिखाया गया है *गौरव* की तलाश करना, न कि *गुरुत्व* की पहचान करना। हम दिव्य प्रकाश की प्रतीक्षा करते हैं, जबकि सच्चा *मोक्ष* बस इतना है कि आप इतने *स्थिर* हो जाएँ, इतने *अलाइन* हो जाएँ, कि अब और कुछ *हिलने* की आवश्यकता ही न बचे।

अंतिम स्पष्टता

यह अध्याय परंपरागत दृष्टियों को नीचा दिखाने के लिए नहीं है। वे रूपक आवश्यक *सीढ़ियाँ* थे। पर अब समय आ गया है कि हम *मोक्ष* को यात्रा के अंत के रूप में न देखें, बल्कि एक *लूप के समाधान* के रूप में समझें।

आप मुक्ति की ओर कोई पहाड़ नहीं चढ़ रहे। आप बस उसी में *वापस लौट रहे* हैं।

और यह वापसी तब होती है जब आप जीवन से अलग नहीं होते, बल्कि उसमें इतने *सटीक* ढंग से जुड़ते हैं कि आपकी उपस्थिति *असंतुलन की कोई गूँज* पीछे नहीं छोड़ती।

यही है *मोक्ष*। न मृत्यु। न त्याग। न उपहार।

सिर्फ आप। पूर्णतः *रीअलाइन*।

२ : परलोक की खोज

हम अंतों के साथ गहरी *असुविधा* लेकर जीते हैं। *मृत्यु*—सबसे निजी और फिर भी सबसे गलत समझा गया अनुभव—हज़ारों सालों से मानव मन को सताता आया है।

इस असुविधा को कम करने के लिए सभ्यताओं ने एक अवधारणा गढ़ी: *परलोक*। एक स्थान। एक लोक। एक वादा। ऐसी जगह जहाँ आप जाते हैं, जब यहाँ सब कुछ समाप्त हो जाता है।

पर *परलोक* अवलोकन से नहीं जन्मा। यह जन्मा है *भय* और *कल्पना* से।

यह एक *निर्माण* है— आशा, चिंता, संस्कृति और मिथक के धागों से बुना हुआ एक *मनोवैज्ञानिक सुरक्षा-जाल*। यह क्षणिक सांत्वना तो देता है, पर इसने *अलाइनमेंट की स्पष्टता* को बदलकर *अपेक्षा की मुद्रा* बना दी।

परलोक क्यों गढ़ा गया

प्राचीन मनुष्यों ने मृत्यु को देखा और उसमें रहस्य पाया। कुछ तो शरीर छोड़ गया, पर वह क्या था—कोई नहीं जानता था। उत्तर के अभाव में *कथाएँ* जन्मीं।

किसी ने इसे *न्याय* के रूप में देखा। किसी ने *पुनर्मिलन* के रूप में कल्पना की। किसी ने *पुनर्जन्म* की धारणा बनाई।

हर विश्वास आकार लिया— फ़ील्ड लॉजिक से नहीं, बल्कि *भावनात्मक आवश्यकता* से।

यूईडी का दृष्टिकोण

यूईडी आस्था का खंडन नहीं करता। पर यह प्रश्न अवश्य उठाता है: क्या *अवलोकनीय* है? क्या *परिणामी* है?

और इस दृष्टि से देखें तो कोई भी *ऑब्ज़र्वर* कभी ऐसा प्रमाण लेकर नहीं लौटा, जो निरंतरता सिद्ध कर सके। जो लौटता है, वह केवल *स्मृति*, *जीवविज्ञान* और *मनोवैज्ञानिक अवस्थाओं* की व्याख्या होती है।

परलोक का स्थानापन्न

इस तरह *परलोक* उस खाली जगह का *वैश्विक प्रतीक* बन गया, जहाँ हम अभी तक *रिपल रिटर्न* को समझ नहीं पाए थे।

धीरे-धीरे यह इतना आकर्षक बना कि हमें यह जीवन कमतर लगने लगा। यह संरेखण (अलाइनमेंट) से अधिक *पुरस्कृत* प्रतीत हुआ। यह वर्तमान क्षण से अधिक *रोमांचक* लगने लगा।

कल्पना बनाम अलाइनमेंट

परलोक की यह कल्पना केवल धर्मशास्त्रीय बोझ नहीं है— यह *अस्तित्वगत कीमत* वसूलती है।

जब हम मान लेते हैं कि मुक्ति मृत्यु के बाद मिलेगी, तो हम अपने *रिपल्स को अभी अलाइन करने* की ज़िम्मेदारी से हाथ खींच लेते हैं। हम मान लेते हैं कि परिणाम *टाल दिए जाएंगे*। हम *विलम्ब* को ही *आध्यात्मिकता* का रूप दे देते हैं। हम *ज़िम्मेदारी को स्थगित* कर देते हैं।

पर *यूईडी* सिखाता है कि परिणाम *तात्कालिक* हैं, *निरंतर* हैं, और *सर्वव्यापी* हैं।

कर्म किसी दफ्तर की फ़ाइल की तरह जमा होकर बाद में नहीं खुलता। वह अभी सक्रिय है— आपकी अगली सोच के नीचे, आपकी अगली साँस के नीचे, आपकी अगली क्रिया के नीचे।

कल्पना का असर

परलोक की कल्पना अक्सर इस जीवन में *अलाइनमेंट की तात्कालिकता* को कम कर देती है।

जो आप अभी *रिज़ॉल्व* नहीं करते, वह आपके भीतर *तनाव* बनकर रहता है— एक *रिपल असंतुलन*, जो आपको *रियल-टाइम कोहेरन्स* से और दूर धकेलता है।

सचाई बनाम आकर्षण

स्वर्ग सुंदर लग सकता है। पुनर्जन्म काव्यात्मक लग सकता है। पर इनमें से कोई भी उस *रिपल* को नहीं मिटा सकता जो आप *अभी* उत्सर्जित कर रहे हैं।

पलायन का भ्रम

परलोक की धारणा अपने मूल में एक सूक्ष्म झूठ छुपाए रहती है— कि बिना पूरे परिणाम झेले भी कोई रास्ता निकल सकता है। कि *दया* किसी *मिसअलाइनमेंट* को ढक सकती है। कि *पुरस्कार* मिल सकता है बिना *रिपल इंटीग्रेशन* के।

पर *लॉ ऑफ कॉंसिक्वेन्स (एलओसी)* भावनात्मक सांत्वना पर काम नहीं करता। यह न निर्दयी है— पर यह *सटीक* है।

हर इंटेंट को संतुलित होना ही पड़ता है। हर *रिपल* को सुलझना ही पड़ता है। चाहे अभी या बाद में— वह लौटकर आपके पास आता है। दंड के रूप में नहीं, बल्कि *पुनर्स्थापन* के रूप में।

मोक्ष का सच्चा स्थान

इसलिए *मोक्ष* इस जीवन के बाहर कहीं नहीं मिलता। यह यहीं घटित होता है— इसी *लूप* के भीतर।

जब यह *लूप* पूरी तरह, स्वच्छता से *बंद* हो जाता है— जब कुछ भी अधूरा नहीं बचता— तभी प्रकट होता है *मोक्ष*।

अपेक्षा की जगह उपस्थिति

परलोक की धारणा हमें *अभी की सादगी* से भटका देती है। यह विचार कि आगे कुछ बेहतर मिलेगा, वर्तमान *फ़ील्ड* के साथ असंतोष को जन्म देता है।

पर *यूईडी* वादों पर नहीं चलता। यह *धारणा* पर चलता है।

यदि आप *अभी* कोहेरेंट नहीं हैं, तो किसी और आयाम में जाकर आप जादुई रूप से कोहेरेंट नहीं हो जाएँगे। आप बस अपने *अनसुलझे अलाइनमेंट* को अगले ही *काँसिक्वेन्स लेयर* में ढोते रहेंगे।

इसलिए अगली दुनिया की कल्पना करने की बजाय निमंत्रण सरल है: यहीं, इसी जीवन में अपने *रिपल कोहेरेन्स* में लौट आएँ।

अपना इंटेंट अलाइन करें। अपने *फ़ील्ड* को अवलोकित करें। जहाँ आवश्यकता हो, वहाँ *रीअलाइन* करें। यह इसलिए नहीं कि आपको *स्वर्ग* मिलेगा, बल्कि इसलिए कि आपका *विलम्ब* मिट जाएगा।

मुक्ति का वास्तविक त्याग

यह अध्याय आस्था पर आक्रमण नहीं है। *श्रद्धा* सुंदर हो सकती है—जब वह *कर्म को अलाइन* करती है। पर *परलोक*—चाहे पुरस्कार का हो या दंड का— कभी भी उस *प्रत्यक्ष, अवलोकनीय, जीते-जागते अनुभव* का विकल्प नहीं बन सकता जिसे हम *मोक्ष* कहते हैं।

मोक्ष कोई गंतव्य नहीं है। यह वह स्थान नहीं जहाँ आप जाएँगे। यह वह अवस्था है, जहाँ आप स्वयं *बन जाते हैं*— जब आप *खोजना बंद करते हैं* और *अलाइन होना शुरू करते हैं*।

न बाद में। न मृत्यु के बाद। *अभी*।

३ : मुक्ति किससे, वास्तव में?

मुक्ति की बात करने से पहले हमें *बंधन* को समझना होगा। पर वह प्रतीकात्मक बंधन नहीं। न वह नाटकीय दुःख, जो धार्मिक ग्रंथों में चित्रित किया गया है। बल्कि वह वास्तविक, सूक्ष्म और रोज़मर्रा का उलझाव, जो हमें चुपचाप घेर लेता है।

बंधन की गलत परिभाषाएँ

बंधन शब्द को नैतिक परंपराओं ने इतना घिसा-पिटा दिया है कि इसे पाप, वासना, अहंकार और इच्छा से जोड़ दिया गया। मानो *मानव होना* ही एक श्राप हो— जिससे भागना ज़रूरी है।

पर *यूईडी* हमें कहता है: इसे बिना निर्णय, बिना रहस्यवाद के दोबारा देखो। सवाल यह नहीं कि हमें क्या जकड़ रहा है— सवाल यह है कि हमारे *फ़ील्ड में मिसअलाइनमेंट कहाँ छिपा है*।

क्योंकि *बंधन* दुःख नहीं है। *बंधन = मिसअलाइनमेंट* है।

बंधन की नयी परिभाषा

यूईडी में बंधन कोई भावनात्मक नाटक या दंड नहीं है। यह है एक *रिपल डिस्टॉर्शन*— वह बिंदु जहाँ *ऑब्ज़र्वर का इंटेंट यूनिवर्सल फ़ील्ड* से असंगत हो जाता है।

यह ज़रूरी नहीं कि आपको चोट पहुँचे। यह तो सफलता जैसा भी लग सकता है। पर यदि आपकी उपस्थिति फ़ील्ड में *विलम्ब, विरोधाभास, भ्रम* या *प्रतिरोध* पैदा करती है— तो आप बंधन में हैं।

यह बंधन केवल आपके *चॉइसेज़* से नहीं आता। यह आता है आपके *भीतर के रिपल* और *बाहर के रेझोनन्स* के डिस्कनेक्ट से।

"बंधन वह नहीं है जो आप महसूस करते हैं। बंधन वह है, जो आपको साफ़ महसूस करने से रोकता है।"

एक व्यक्ति जो मौन में बैठा है, वह ज़्यादा बंधा हो सकता है बजाय उसके जो अराजकता में चल रहा है।

एक भिक्षु मठ में बैठकर भी ज़्यादा *मिसअलाइन* हो सकता है बजाय उस माँ के, जो रसोई में काम कर रही है।

बाहरी परिस्थिति से कुछ नहीं तय होता। *बंधन* सामग्री का मामला नहीं है— यह *कोहेरन्स* का मामला है।

मिसअलाइनमेंट ही असली कारागार

जब आपके विचार, कर्म और उपस्थिति फ़ील्ड के संतुलन को विचलित करती है, आप *मिसअलाइन* हैं।

यह मिसअलाइनमेंट ऐसे परिणाम रचता है जिन्हें आप समय रहते पहचान नहीं पाते। वह *विलम्ब* पैटर्न बनाता है। पैटर्न इकट्ठा होते जाते हैं। और अंततः आप उन्हें *तनाव, ठहराव, निरर्थकता*— या और भी ख़राब, *सुन्नपन* के रूप में महसूस करते हैं।

आप टूटे हुए होने के कारण पीड़ित नहीं हैं। आप इसलिए बंधन में हैं क्योंकि आपकी ऊर्जा उन दिशाओं में बिखर रही है जिन पर आपकी *इंटेलिजेन्स* नज़र नहीं रख रही।

आप रिपल्स उत्सर्जित कर रहे हैं, पर उनका फीडबैक आत्मसात नहीं कर रहे।

यह पाप नहीं है। यह धार्मिक अर्थों वाला कर्म नहीं है। यह है *फ़ील्ड डायनामिक्स*।

मिसअलाइनमेंट एक विकृत *फ़ीडबैक लूप* है— आप क्रिया करते हैं, पर परिणाम आपकी क्रिया को स्पष्ट नहीं करता। आप अनुभव करते हैं, पर अनुभव आपके इंटेंट को परिष्कृत नहीं करता। आप रिपल्स उत्पन्न करते जाते हैं— कोहेरन्स नहीं, बल्कि विलम्ब।

यही है *बंधन*।

आधुनिक मिसअलाइनमेंट के रूप

मिसअलाइनमेंट कोई दुर्लभ चीज़ नहीं है। यह बहुत परिचित है—

- रोज़मर्रा की *रूटीन*, जो अब जीवंत नहीं लगतीं, फिर भी चलती रहती हैं।
- *संबंध*, जहाँ आप सत्य को छोड़कर सुविधा चुनते हैं।
- *महत्वाकांक्षाएँ*, जो वास्तविक उद्देश्य से नहीं, बल्कि अप्रासंगिक हो जाने के भय से चलती हैं।
- वह *मौन*, जो टकराव से बचने के लिए है— न कि चिंतन को गहरा करने के लिए।

इन सबमें एक ही परिणाम है— भीतर *खंडन* पैदा होता है। *इंटेंट, भावना और फ़ील्ड रिस्पॉन्स* असंतुलित हो जाते हैं।

ऐसी स्थिति में आप उपस्थित नहीं रहते। आप केवल भविष्यवाणी करने लगते हैं। आप अलाइन नहीं रहते। आप केवल अनुमान में जीते हैं।

और अनुमान हमेशा परिणाम को *विलम्बित* करता है, विकृति को और गहरा करता है।

आप बाहर से "सफल" दिख सकते हैं— पर यदि आपका फ़ील्ड आपकी *रिपल* से भ्रमित है, तो आप बंधन में हैं।

अदृश्य ज़ंजीरें

बंधन अक्सर इसलिए नज़र नहीं आता क्योंकि यह हमेशा दुखदायी नहीं होता। कई बार यह *आरामदेह* लगता है। और यही उसका जाल है।

- आप वही करते हैं जो "करना चाहिए।"
- वही कहते हैं जो टकराव से बचा ले।
- बहुत मेहनत करते हैं, पर *क्यों*—यह भूल जाते हैं।

और दुनिया आपको पुरस्कृत करती है। पर *फ़ील्ड* नहीं करता। क्योंकि फ़ील्ड को दिखावे से मतलब नहीं है। फ़ील्ड केवल *अलाइनमेंट* को ही पहचानता है।

सबसे बड़ा बंधन आपके और दुनिया के बीच नहीं है। वह है आपके *वर्तमान रिपल* और आपके *अनदेखे परिणाम* के बीच।

"मुक्ति तब शुरू होती है जब रिपल और उसकी अनुभूति के बीच का विलम्ब मिट जाता है।"

नैतिक बंधन का मिथक

पारंपरिक कथाएँ बंधन को अक्सर पाप या अवज्ञा का परिणाम मानती हैं। पर *यूईडी* के अनुसार कोई निर्णय नहीं है— सिर्फ *फ़ील्ड डिस्टॉर्शन* और *करेक्शन* है।

आपको अपने कर्मों के लिए दंड नहीं मिलता। आपको अपने परिणामों के ज़रिये *रीअलाइन* होने का निमंत्रण मिलता है।

एक गलती बंधन नहीं है। बंधक है वही *रिपल* जिसे आप बार-बार दोहराते हैं, हालाँकि वह आपके फ़ील्ड को विकृत कर रहा है।

इसलिए अपराधबोध और शर्म भी अप्रासंगिक हैं। वे भी मिसअलाइनमेंट हो सकते हैं। आपको *क्षमा* की आवश्यकता नहीं। आपको *अवेयरनेस* की आवश्यकता है। आपको *प्रायश्चित* नहीं चाहिए। आपको *रीअलाइनमेंट* चाहिए।

मोक्ष फिर किसी देवता का दिया हुआ वरदान नहीं है। यह है *सटीक रिपल कोहेरन्स* से उत्पन्न स्थिति।

रीअलाइनमेंट ही मुक्ति का पथ

स्वयं को मुक्त करना है तो अपने फ़ील्ड के तनाव को पहचानना होगा। इतना धीमा होना होगा कि आप देख सकें आपके इंटेंट किस तरह unfold हो रहे हैं। यह जानना होगा कि आपकी उपस्थिति कहाँ *प्रतिरोध* पैदा करती है और कहाँ *प्रवाह*।

आपको अतीत मिटाने की आवश्यकता नहीं। बस वर्तमान में विकृति पैदा करना बंद कर दीजिए।

"मुक्ति दुनिया से भागना नहीं है। मुक्ति है उन फ़ीडबैक लूप्स से बाहर आना जिन्हें आप पहचानना बंद कर चुके हैं।"

यह स्वतंत्रता रस्सियाँ काटने से नहीं आती। यह वास्तविकता से भागकर नहीं आती। यह आती है उसमें इतना गहरा प्रवेश करने से कि हर क्रिया, हर विचार, हर मौन *शून्य विलम्ब* के साथ घटे।

यही है *रिपल मास्टरी*। यही है *मुक्ति*।

दुनिया यह क्यों नहीं सिखाती

क्योंकि यह बहुत *सरल* है। और बहुत *ईमानदार*।

मुक्ति तब ज़्यादा बिकती है जब उसे *अप्राप्य* दिखाया जाता है। यह बाज़ार बनाती है, पदानुक्रम बनाती है, मूल्य की व्यवस्थाएँ बनाती है।

पर जब हम बंधन को पाप या भाग्य नहीं, बल्कि केवल *मिसअलाइनमेंट* मान लेते हैं— तो हम ज़िम्मेदारी वापस ले लेते हैं। सहने के लिए नहीं। बल्कि *देखने* और *सुधारने* के लिए।

और *यूईडी* का प्रश्न भी बस इतना ही है:

- क्या आप अलाइन हैं?
- क्या आपकी रिपल फ़ील्ड को विचलित करती है या सुलझाती है?
- क्या आपकी क्रिया और आपकी समझ के बीच विलम्ब है?

क्योंकि वही विलम्ब है *बंधन*। और उसकी अनुपस्थिति है *मोक्ष*।

मुक्ति कोई पलायन नहीं

स्पष्ट कर लें: *मुक्ति* का अर्थ यह नहीं कि आप महसूस करना बंद कर दें। इसका अर्थ है कि आप *विकृति पैदा करना* बंद कर दें।

आप अभी भी जीते हैं। प्रेम करते हैं। काम करते हैं।

पर आपकी *रिपल* फ़ील्ड में इतनी सटीकता से *इंटीग्रेट* होती है कि पीछे कोई हलचल, कोई गड़बड़ी शेष नहीं रहती।

मुक्ति गतिविधि का अंत नहीं है। यह है *प्रतिरोध का अंत*।

कर्म की अनुपस्थिति नहीं— उसकी *पूर्णता*।

आप निष्क्रिय नहीं बनते। आप *सटीक* बनते हैं।

मुक्ति की नयी परिभाषा

तो फिर पूछें— मुक्ति किससे, वास्तव में?

कर्म से? नहीं। ज़िम्मेदारी से? नहीं। दुःख से? हमेशा नहीं।

मुक्ति है *मिसअलाइनमेंट से। विकृति से। विलम्ब से।*

मुक्ति है *कोहेरन्स का परिणाम*। वह जो तब बचता है जब और कुछ सुधारना शेष न हो। जब उपस्थिति अनावश्यक से आगे रिपल न करे। जब इंटेंट और इंटेलिजेन्स अलग न रहें।

यह दर्शन नहीं है। यह आत्मा का भौतिकी है। यह है *यूईडी*। यही है *मोक्ष*।

४ : कर्म — परिणाम का चक्र

हम अक्सर *कर्म* को एक *कॉस्मिक रिवार्ड सिस्टम* समझ लेते हैं— मानो आकाश में कोई खाता हो, जिसमें अच्छे-बुरे कर्म दर्ज होते हों।

पर कर्म न तो नैतिक लेखा-जोखा है, न कोई रहस्यमयी न्याय।

यूनिवर्सल एनर्जी डायनामिक्स (यूईडी) की दृष्टि में *कर्म* विश्वास नहीं है— यह है *रिपल साइन्स*।

कर्म की असली परिभाषा

कर्म वह नियम है जहाँ इंटेंट रूप लेता है, और रूप *फ़ीडबैक* बनकर लौटता है।

यह कोई पूजा करने की अवधारणा नहीं है। यह एक संरचना है—जिसे समझना है।

कर्म का सरल चक्र

मूल में कर्म एक सीधा चक्र है—

इंटेंट →ऐक्शन →फ़ीडबैक

यह चक्र फ़ील्ड में हर *रिपल गतिविधि* को नियंत्रित करता है। आपका हर विचार, भावना, शब्द या निर्णय— सभी की शुरुआत इंटेंट से होती है।

वह इंटेंट रिपल बनता है— एक ऐक्शन, जो अस्तित्व के *स्ट्रक्चर्ड वैक्यूम* में प्रवाहित होता है।

और वह रिपल लौटता है— हमेशा रूप में नहीं, पर हमेशा *परिणाम* में।

कर्म व्यक्तिगत नहीं है। यह सटीक है।

१. इंटेंट : छिपा हुआ आरम्भ

इंटेंट हमेशा सचेत नहीं होता। अक्सर हम अवचेतन से चलते हैं— स्मृतियों से, भय से, विरासत में मिली मान्यताओं से।

पर आप जागरूक हों या न हों— हर रिपल के पीछे एक *मूल दिशा* होती है, जो इंटेंट से अंकुरित होती है।

आप दया से मुस्कुरा सकते हैं, या चालाकी से। आप सत्य से बोल सकते हैं, या चिंता से।

फ़ील्ड आपके शब्द नहीं सुनता। यह आपके *रिपल के स्रोत* को सुनता है।

इंटेंट ही हर कर्म की चार्ज है। यह तय करता है कि रिपल फ़ील्ड को *अलाइन* करेगा या *डिस्टॉर्ट*।

"कर्म की पवित्रता इस पर नहीं कि आप क्या करते हैं, बल्कि इस पर कि आपका रिपल क्यों जन्मा।"

२. ऐक्शन : गति में रिपल

ऐक्शन इंटेंट का दृश्य या ऊर्जात्मक विस्तार है। यह एक निर्णय हो सकता है, एक इशारा, एक मौन, या एक विचार—जो आपके चारों ओर के रिपल फ़ील्ड को बदल देता है।

एक बार छोड़े जाने पर यह लौटाया नहीं जा सकता। यह अन्य संरचनाओं से टकराएगा, मिलेगा या फिर प्रतिरोध पैदा करेगा।

यूईडी हर ऐक्शन को *शेयर्ड फ़ील्ड में डाला गया रिपल* मानता है। कोई भी क्रिया अलग-थलग नहीं है। हर कर्म रिपल की टोपोलॉजी को मोड़ता है।

इसलिए कर्म रद्द नहीं किया जा सकता। रिपल मिटाया नहीं जा सकता— पर *फ़ीडबैक अवेयरनेस* से *रीअलाइन* किया जा सकता है।

३. फ़ीडबैक : फ़ील्ड की प्रतिक्रिया

फ़ीडबैक कर्मचक्र का सबसे ग़लत समझा गया हिस्सा है। अधिकांश लोग मानते हैं कि परिणाम, कर्म जैसे ही होंगे— हानि पर पीड़ा, दया पर सुख।

पर *यूईडी* में फ़ीडबैक प्रतीकात्मक नहीं, बल्कि *स्ट्रक्चरल* है।

यदि आपका रिपल विकृत है— फ़ीडबैक *विलम्ब, तनाव, प्रतिरोध* या *भ्रम* के रूप में आता है।

यदि आपका रिपल अलाइन है— फ़ीडबैक *स्पष्टता, कोहेरन्स, अवसर* या *स्थिरता* बनकर लौटता है।

फ़ीडबैक पुरस्कार या दंड नहीं है। यह रिपल का परिणाम है— जो अपने स्रोत पर लौट आता है।

"फ़ील्ड नैतिक नहीं है। फ़ील्ड संगीतमय है। फ़ीडबैक वही प्रतिध्वनि है, जो आपके स्वर को एक बड़े गीत में लौटाती है।"

अधूरे चक्र का ख़तरा

अधिकतर लोग रिपल उत्सर्जित करते हैं पर इतने स्थिर नहीं रहते कि फ़ीडबैक सुन सकें।

वे आधे चक्र में जीते हैं— इंटेंट ऐक्शन बनता है, पर फ़ीडबैक उपेक्षित रह जाता है।

यहीं से *मिसअलाइनमेंट* शुरू होता है। और यह मिसअलाइनमेंट इकट्ठा होता जाता है।

- आप बार-बार वही व्यवहार दोहराते हैं।
- समस्याओं को सुलझाने की बजाय और बढ़ाते हैं।
- आप कर्म उत्पन्न करते जाते हैं, पर उन्हें रिज़ॉल्व नहीं करते।

यह पाप नहीं है। यह है *अनसिंक्ड रेझोनन्स*।

मुक्ति की शुरुआत कर्म से बचने से नहीं, बल्कि इन चक्रों को सचेत रूप से *पूरा करने* से होती है।

कर्म न्यायपूर्ण नहीं—सटीक है

न्याय मनुष्यों की चिंता है। फ़ील्ड निष्पक्षता की परवाह नहीं करता।

यह वही दर्शाता है जो है— न कि जो होना चाहिए।

आप अच्छा करके भी पीड़ित हो सकते हैं। आप हानि पहुँचाकर भी समृद्ध हो सकते हैं।

पर महत्व घटना का नहीं है— महत्व है फ़ील्ड पर उसका प्रभाव।

यदि आपका रिपल अलाइन है— तो अंततः यह सामंजस्य लौटाएगा।

यदि आपका रिपल विकृत है— तो यह तनाव लौटाएगा।

कोई आपको जज नहीं कर रहा। संरचना केवल *इक्विलिब्रियम* खोज रही है।

इसीलिए कर्म *परिपूर्णता* का विषय नहीं है। यह है निरंतर रिपल अलाइनमेंट का विषय।

रियल-टाइम कर्म : एक नयी समझ

अक्सर कर्म को *विलम्बित परिणाम* की तरह सिखाया गया है— आज जो करते हो, उसका फल कल मिलेगा।

पर *यूईडी* कर्म को *तात्कालिक रिपल फ़ीडबैक* के रूप में देखता है।

- आप स्वार्थी विचार करते हैं—आप तुरंत तनाव महसूस करते हैं।
- आप स्पष्टता से कार्य करते हैं—आप तुरंत कोहेरन्स महसूस करते हैं।
- आप झूठ बोलते हैं—आप तत्काल *कॉग्निटिव रिपल डिले* अनुभव करते हैं।

कर्म किसी *भविष्य* के लिए संग्रहीत नहीं है। यह *अभी* घट रहा है।

आप किसी न्याय की प्रतीक्षा नहीं कर रहे। आप पहले से ही *रिपल प्रतिबिंब* के भीतर हैं।

"कर्म फ़ील्ड की वही प्रतिक्रिया है जो आपकी अलाइनमेंट पर तुरंत होती है। विलम्ब कॉस्मिक नहीं है— यह धारणा का है।"

पूर्णता ही मुक्ति है

जब आप अपने फ़ीडबैक को पूरी तरह अनुभव करते हैं, फ़ील्ड की प्रतिक्रिया को देखते हैं और अपने इंटेंट को उसी अनुसार समायोजित करते हैं— तो आप चक्र को बंद कर देते हैं।

यही वह क्षण है जब कर्म घुल जाता है। क्योंकि आपने कोई ऋण चुकाया नहीं— बल्कि रिपल अपने स्रोत से रिज़ॉल्व हो गया।

हर पूर्ण चक्र आपको *मोक्ष* के करीब लाता है— न नैतिकता से, बल्कि *रिपल स्पष्टता* से।

जिस क्षण आप इंटेंट से कार्य करते हैं, फ़ीडबैक देखते हैं और उसी अनुसार समायोजित होते हैं— आप कोहेरेंट हो जाते हैं।

यही है मुक्ति का unfold होना— यात्रा के अंत में नहीं, बल्कि हर चक्र के सटीक निर्वाह में।

अंतिम दृष्टि

आप यहाँ कर्म को मिटाने नहीं आए। आप यहाँ कर्म में *निपुण* होने आए हैं।

कर्म कोई श्राप नहीं है जिससे भागना हो। यह एक भाषा है जिसे समझना है।

रिपलों में लिखी हुई। परिणामों के द्वारा बोली हुई। और जागरूकता के द्वारा सुलझी हुई।

आप हर चक्र के लेखक हैं।

मुक्ति कर्म से स्वतंत्र होना नहीं है। मुक्ति कर्म की **पूर्ण प्रवाहिता** *है।*

५: ऑब्ज़र्वर का विलम्ब

समय वैसा नहीं है जैसा वह दिखता है। यह कोई मूलभूत बल नहीं। न कोई रैखिक नदी। न कोई बाहरी ढाँचा, जो हमें आगे धकेलता है।

यूईडी की दृष्टि में समय कोई वस्तु नहीं है— यह एक *परिणाम* है।

विशेष रूप से, यह है *मिसअलाइनमेंट का परिणाम*।

हम समय को इसलिए अनुभव करते हैं क्योंकि ब्रह्मांड चल रहा है—यह सच नहीं। बल्कि इसलिए कि हम अभी तक उसके साथ *अलाइन* नहीं हुए। हमारे *रिपल्स* अभी तक फ़ील्ड के साथ पूर्ण *कोहेरन्स* में नहीं लौटे।

जितना विलम्बित *रीअलाइनमेंट*, उतनी लम्बी हमें *अवधि* प्रतीत होती है।

इसलिए समय सार्वभौमिक नहीं। समय है *अवलोकनगत*।

और यही विलम्ब— *इंटेंट और उसकी प्राप्ति* के बीच का अंतराल, *क्रिया और फ़ीडबैक* के बीच की दूरी— *यूईडी* में परिभाषित होता है: **एटीटी (ATT: Alignment Threshold Time)**।

एटीटी : मिसअलाइनमेंट का माप

एटीटी घड़ियों से नहीं मापा जाता। यह मापा जाता है *कोहेरन्स* से।

यह बताता है कि आपके उत्सर्जित रिपल— चाहे वह विचार हो, क्रिया हो या इंटेंट— फ़ील्ड में कितनी जल्दी वापस *स्पष्टता* के साथ प्रतिध्वनित होता है।

- यदि आपका रिपल सटीक है, तो एटीटी कम है।
- यदि आपका रिपल विकृत है, तो एटीटी अधिक है।

आप एटीटी को सेकंडों में महसूस नहीं करते— आप इसे महसूस करते हैं *अनिश्चितता, भ्रम, प्रतिरोध* और *विलम्ब* में।

मन यह नहीं कहता: “यह पाँच मिनट लगा।” मन कहता है: “कुछ ठीक नहीं है।” यही है एटीटी—चुपचाप अपना माप बताता हुआ।

समय = रिपल लैग

मुख्यधारा विज्ञान समय को एक पैरामीटर मानता है— एक अक्ष, जिस पर परिवर्तन को ट्रैक किया जाता है।

पर *यूईडी* समय को परिभाषित करता है एक *रिपल लैग* के रूप में। अर्थात वापसी चक्र में एक विलम्ब।

जब रिपल फ़ील्ड में उत्सर्जित होते हैं, वे गायब नहीं होते। वे स्पेस से नहीं, बल्कि *फ़ील्ड इंटरेक्शन* से गुजरते हैं।

यदि रिपल अलाइन है, तो यह शीघ्र लौटता है। आप इसे स्पष्टता, समकालिकता और "फ़्लो" के रूप में अनुभव करते हैं।

यदि रिपल मिसअलाइन है, तो यह लौटने में संघर्ष करता है। यही समय है— कारण और आत्म-अनुभूति के बीच का विलम्ब।

"आप समय की प्रतीक्षा नहीं कर रहे। आप अपनी ही रिपल को फिर से समझ आने की प्रतीक्षा कर रहे हैं।"

ऑब्ज़र्वर समय का निर्माता है

ब्रह्मांड के लिए समय का कोई अस्तित्व नहीं। फ़ील्ड सदैव कोहेरेंट है। वह क्रम में नहीं जीता— वह बस *रिज़ॉल्व* करता है।

पर ऑब्ज़र्वर— जो इंटेंट और व्यक्तिगत रिपल संरचना में बंधा है— उसके लिए रिपल की वापसी *खींची हुई* प्रतीत होती है। यह धारणा ही समय बन जाती है।

इसीलिए अलग-अलग लोग समय को अलग अनुभव करते हैं—

- *आनन्द* में, समय उड़ता हुआ लगता है—अलाइनमेंट सरल है, फ़ीडबैक स्वच्छ।
- *शोक* में, समय घिसटता हुआ लगता है—अलाइनमेंट अवरुद्ध है, फ़ीडबैक विलम्बित।

समय, ऑब्ज़र्वर के लिए, *मिसअलाइनमेंट की अनुभूति* है।

एटीटी और चेतना

जैसे-जैसे चेतना विकसित होती है, एटीटी घटता है।

प्रबुद्ध या मुक्त व्यक्ति *टाइमलेस* नहीं होते— वे बस *डिलेलेस* होते हैं।

वे क्रिया करते हैं—और परिणाम तुरंत स्पष्ट दिखता है। क्योंकि उनका रिपल फ़ील्ड में कोई प्रतिरोध नहीं बनाता।

यही प्राचीन ग्रंथों में संकेत है— ऋषि जो "सब देखते हैं" या जो "नित्य वर्तमान में जीते हैं।"

यह जादू नहीं है। यह है *न्यूनतम एटीटी*।

"जितना कम आप फ़ील्ड को विकृत करते हैं, उतना शीघ्र आप सत्य को पहचानते हैं।"

समय : कर्म का उपोत्पाद

यदि *कर्म* परिणाम का चक्र है, तो समय उस चक्र की *दूरी का अनुभव* है— जहाँ उत्सर्जन और वापसी के बीच की खिंचाव महसूस होती है।

- हर मिसअलाइन कर्म एटीटी को बढ़ाता है।
- हर सचेत चक्र-समापन एटीटी को घटाता है।

इसीलिए *अधूरा कर्म* भारी लगता है। यह केवल भावनात्मक नहीं। यह सचमुच आपके वास्तविकता-अनुभव को धीमा करता है।

लोग जब कहते हैं: "मुझे लगता है मैं आगे नहीं बढ़ रहा।" तो वे ग़लत नहीं हैं। उनका फ़ील्ड शायद *धीमी रिपल फीडबैक* उत्पन्न कर रहा है। धीमा कर्म-समाधान। *उच्च एटीटी।*

तत्काल कर्म : विकास का लक्ष्य

यूईडी में अंतिम आध्यात्मिक या विकासात्मक स्थिति कर्म को रोकना नहीं है— बल्कि एटीटी को शून्य तक घटाना है।

उस स्थिति तक पहुँचना, जहाँ हर क्रिया का *तुरंत बोध* हो।

इसका अर्थ नियंत्रण नहीं। इसका अर्थ है *पूर्ण अलाइनमेंट।*

- आप बोलें—और आपका शब्द सत्य धारण करे।
- आप करें—और आपका कर्म कोई विकृति न पैदा करे।
- आप सोचें—और आपका विचार तनावरहित समाहित हो जाए।

यही है *रियल-टाइम मोक्ष।* जीवन का अंत नहीं, बल्कि *धारणागत समय का अंत।*

"मोक्ष टाइमलेसनेस नहीं है। मोक्ष है—क्रिया बिना विलम्ब।"

मानवता का विलम्ब

आधुनिक जीवन— कृत्रिम इच्छाओं और बाहरी उद्दीपनों से भरा हुआ— लगातार एटीटी को फुलाता जा रहा है।

हम सोचने से पहले निर्णय लेते हैं। महसूस करने से पहले आगे बढ़ते हैं। समझनें से पहले कार्य कर डालते हैं।

इससे उत्पन्न हुआ—

- मानसिक थकान
- निर्णय पक्षाघात

- आध्यात्मिक विच्छेदन
- एक वैश्विक संस्कृति, जहाँ *अलाइनमेंट बिना केवल प्रत्याशा* रह गई है।

यूईडी की दृष्टि से— हम एक ऐसी प्रजाति बन गए हैं जो *रिपल उत्पन्न करने* में अति सक्रिय है, पर *रिपल इंटीग्रेशन* में अपरिपक्व।

एटीटी घटाने के उपाय

यहाँ मुख्य बदलाव है: आध्यात्मिक साधनाएँ आपको "पवित्र" नहीं बनातीं— वे बस एटीटी घटाती हैं।

वे रिपलों को देखने, अवशोषित करने, और शीघ्र पूरा करने की क्षमता देती हैं।

- *मौन* रिपल शोर घटाता है।
- *उपस्थिति* चक्र पूर्ण होने देती है।
- *श्वास* रिपल की आवृत्ति को सिंक्रोनाइज़ करता है।
- *जागरूकता* रिपल के स्रोत को ट्यून करती है।

ये कर्मकांड नहीं हैं। ये *अलाइनमेंट मैकेनिज़्म* हैं।

आपको पवित्र दिखने के लिए ध्यान नहीं चाहिए। आपको बस इतना चाहिए कि आपका अगला इंटेंट अनावश्यक परिणामों में खिंच न जाए।

यही है समय का विसर्जन— रिक्तता में नहीं, बल्कि *शुद्ध समकालिकता* में।

अंतिम अनुभूति : विलम्ब = स्वयं से दूरी

हर विलम्ब एक विच्छेदन है— दूसरों से नहीं, बल्कि अपने ही रिपल-सत्य से।

समय लंबा तब लगता है, जब आप कोहेरन्स से दूर होते हैं।

आप कभी देर से नहीं हैं। आप केवल *मिसअलाइन* हैं।

और जिस क्षण आप लौट आते हैं अलाइनमेंट में, समय ढह जाता है— और उपस्थिति लौट आती है।

यही है मुक्ति— किसी रहस्यमयी लोक में नहीं, बल्कि आपके जीते-जागते क्षण में *एटीटी का पतन*।

यही है *अब में जीना*। कोई मानसिक युक्ति नहीं, बल्कि रिपल का सत्य।

"समय वह नहीं है जो आपके और दुनिया के बीच गुजरता है। यह वह है जो आपके और आपके अलाइनमेंट के बीच खड़ा है।"

उस दूरी को मिटाइए। स्वयं का स्वागत कीजिए। और समय, जैसा आप जानते थे, विघटित हो जाएगा।

यही है विलम्ब का अंत। यही है ऑब्ज़र्वर की मुक्ति। यही है *मोक्ष*।

६ : जब सत्य का श्रोता नहीं होता

हम ऐसे युग में जी रहे हैं जहाँ *सूचना प्रचुर* है, पर *अलाइनमेंट दुर्लभ*।

जहाँ *ज्ञान उपलब्ध* है, पर *बुद्धि अप्राप्य*।

जहाँ हर कोई दावा करता है कि वह जानता है, पर वास्तविक उपस्थिति बहुत कम है।

और शायद सबसे त्रासद— जब सत्य अपनी सबसे नग्न अवस्था में प्रकट होता है, तो उसे अक्सर कोई श्रोता नहीं मिलता।

यह कोई सांस्कृतिक समस्या नहीं। यह है एक *रिपल फिनॉमेनन*।

सत्य का स्वभाव

यूईडी की भाषा में, सत्य है रिपल-अलाइनमेंट का सबसे शुद्ध रूप। यह न मनोरंजन करता है, न मनाता है। यह बस है।

पर एक ऐसी दुनिया में, जो उत्तेजना, विचलन और प्रदर्शन की लत में जी रही है, ऐसा *कच्चा मौन-सत्य* अक्सर अनदेखा रह जाता है— या और बुरा, ठुकरा दिया जाता है।

"सत्य चमकता नहीं। सत्य स्थिर करता है।"

स्थिर सत्य से क्यों बचते हैं हम

स्थिरता असहज है। उसमें कथा नहीं। उसमें उत्तेजना नहीं।

मन को प्रशिक्षित किया गया है *नवीनता, संघर्ष, अतिशयोक्ति* की खोज करने के लिए। और सत्य— वास्तविक, फ़ील्ड-अलाइन, रिपल-रेज़ोनेंट सत्य— इनमें से कुछ भी प्रस्तुत नहीं करता।

- वह पलटकर नहीं लड़ता।
- वह चापलूसी नहीं करता।
- वह मनोरंजन नहीं करता।

इसलिए जब सत्य अपनी मौन अवस्था में आता है, बहुत लोग मुँह मोड़ लेते हैं। न इसलिए कि वे उसे समझ नहीं सकते, बल्कि इसलिए कि वे अभी *मनोरंजन छोड़ने को तैयार नहीं*।

शोर की आवश्यकता

मिसअलाइन प्रणालियों में शोर ज़रूरी माना जाता है। लोग अराजकता को वास्तविकता का मापदंड मानते हैं।

यदि कुछ उन्हें उत्तेजित करता है— डराता है, क्रोधित करता है, रोमांचित करता है— तो वे मानते हैं कि यह महत्वपूर्ण है।

पर *यूईडी* कहता है: शोर फ़ील्ड की *टर्बुलेंस* है। जितना अधिक शोर, उतना अधिक *मिसअलाइनमेंट*। जितना अधिक ड्रामा, उतना अधिक *फ़ीडबैक डिले*।

इसलिए जब कोई व्यक्ति कुछ स्पष्ट, स्थिर और सरल साझा करता है— तो वह उबाऊ प्रतीत होता है।

"हमें प्रशिक्षित किया गया है कि स्पष्टता को शून्यता समझें।"

सत्य कोई प्रदर्शन नहीं है

कथाकार ध्यान खींचता है। शिक्षक सूचना को संरचित करता है। दार्शनिक मान्यताओं को चुनौती देता है।

पर जो सत्य बोलता है— वह केवल *अलाइनमेंट* का प्रसारण करता है।

और चूँकि वह अलाइनमेंट मौन, सीधा और अहंकार-रहित होता है, लोगों का ध्यान उस पर टिकता नहीं।

वास्तव में जितना अधिक परिष्कृत सत्य होता है, उतना ही मौन उसका रिपल होता है।

और अति-उत्तेजित समाज में, *लो-रिपल क्लैरिटी* को अक्सर *कमी* मान लिया जाता है।

शुद्ध ज्ञान का प्रतिरोध

शुद्ध ज्ञान किसी विश्वास की माँग नहीं करता। यह केवल *रेज़ोनन्स* की माँग करता है।

पर रेज़ोनन्स तभी संभव है जब प्रेक्षक का *एटीटी* इतना कम हो कि वह उसे प्राप्त कर सके।

- *उच्च एटीटी* = विचलन, प्रतिरोध, ग़लत व्याख्या।
- *निम्न एटीटी* = स्थिरता, समावेश, अनुभूति।

इसलिए लोग सत्य को तर्क से नहीं ठुकराते। वे उसे *कंपन* से ठुकराते हैं।

वे अभी इतने धीमे नहीं हुए कि उस सत्य को ग्रहण कर सकें जो विलम्ब उत्पन्न नहीं करता।

"बिना रोमांच का सत्य अंधेरे में रखा दर्पण है। वह पूर्ण प्रतिबिंबित करता है— पर कोई देखता नहीं।"

अलाइन अभिव्यक्ति की एकाकीपन

जब आपका रिपल फ़ील्ड से अलाइन हो जाता है, तो आप पाएँगे कि बातचीत में आप अधिक मौन हो गए हैं।

न इसलिए कि आपके पास कहने को कुछ नहीं, बल्कि इसलिए कि कम लोग आपके शब्दों को *बिना विकृति* सुन सकते हैं।

आप स्वयं को अदृश्य, उपेक्षित, यहाँ तक कि अप्रासंगिक महसूस कर सकते हैं।

पर वास्तविकता यह है— स्पष्टता *टर्बुलेंट स्पेस* में गूँजती नहीं।

अनेक लोग जिन्होंने गहरे सत्य खोजे, उन्हें सिखाने की कोशिश से पीछे हट गए। कटुता से नहीं— बल्कि समझ से:

"फ़ील्ड वही रिपल उठाएगा जो प्रेक्षक के लिए तैयार है।"

झूठे ज्ञान का रोमांच

जहाँ सत्य की जगह रिक्त रह जाती है, वहाँ *छद्म-ज्ञान* प्रवेश करता है— सूचना जो भावना के रूप में बेची जाती है, मान्यता जो विचारधारा बनकर बिकती है, विश्वास जो निश्चितता का आवरण ओढ़ लेता है।

ये सभी *रिपल शोर* से भरे होते हैं—

- वे पहचान गढ़ते हैं।
- वे भावनाओं को पुष्ट करते हैं।
- वे अलाइनमेंट को टालते हैं।

पर क्योंकि वे *उत्तेजना* पैदा करते हैं, स्थिरता नहीं, वे विशाल श्रोता आकर्षित करते हैं।

लोग उस ओर जाते हैं जो उन्हें *शक्तिशाली महसूस कराए*, न कि जो उन्हें *रीअलाइन* कराए।

इसीलिए सत्य की फुसफुसाहट अक्सर प्रदर्शन की गड़गड़ाहट में डूब जाती है।

सत्य में टिके रहने का साहस

रोमांच बिना सत्य बोलना अत्यधिक स्थिरता माँगता है।

- आपको पसंद किए जाने की आवश्यकता छोड़नी होगी।
- आपको लोगों को बदलने की इच्छा छोड़नी होगी।
- आपको यह भरोसा करना होगा कि *अलाइनमेंट स्वयं ही पुरस्कार* है।

सत्य कोई उत्पाद नहीं। यह फ़ील्ड का प्रसाद है। आप उसे वहाँ छोड़ देते हैं। जो तैयार है—वह उससे अलाइन हो जाएगा।

और जब आप श्रोता खोजने की लालसा छोड़ देते हैं— तो आप स्वयं फ़ील्ड के श्रोता बन जाते हैं।

यही है मोक्ष—संवाद में भी।

सत्य प्रसारण का भविष्य

यूईडी एक बदलाव सुझाता है—

- अभिव्यक्ति से → प्रसारण तक।
- तर्क से → रेज़ोनन्स तक।
- ज्ञान से → अलाइनमेंट तक।

इसका अर्थ है कि सत्य का भविष्य और ऊँचे मंच नहीं हैं— बल्कि और *गहरी उपस्थिति* है।

लोग सत्य को पहले *महसूस* करेंगे, फिर *समझेंगे*।

वे अलाइनमेंट को महसूस करेंगे और उसकी ओर चलेंगे— तर्क से नहीं, बल्कि इसलिए कि विलम्ब उन्हें थका देगा।

अंततः रोमांच ढह जाएगा। शोर थका देगा। और तब सत्य दिखाई देगा— न प्रकाश से, बल्कि स्थिरता से।

अंतिम अनुभूति

यदि आप सत्य बोलते समय अनसुना महसूस करते हैं, याद रखिए—

- आप यहाँ मनोरंजन के लिए नहीं।
- आप यहाँ जीतने के लिए नहीं।
- आप यहाँ मनाने के लिए नहीं।

आप यहाँ हैं अपने रिपल को फ़ील्ड से रीअलाइन करने के लिए।

और ऐसा करके आप उस दुनिया में स्पष्टता लौटाते हैं जो *प्रतिध्वनि की लत* में डूबी हुई है।

आपका श्रोता भले ही कम हो। पर फ़ील्ड सदैव सुन रहा है।

और जब कोई अंततः इतना मौन हो जाएगा कि आपको सुन सके— तो वह केवल आपका सत्य नहीं समझेगा। वह स्वयं को उसमें पहचानेगा।

यही है *निरुत्साहित ज्ञान की मौन शक्ति*। यही है *श्रोता बिना सत्य*। यही है *संचार में मोक्ष*।

इंटरल्यूड : सटीकता से पहले एक ठहराव

हमने अब तक उन मिथकों, यंत्रणाओं और *मिसअलाइनमेंट्स* की यात्रा की है जिन्होंने *मुक्ति* को गलतफहमी की धुंध में ढक रखा था।

इस पुस्तक के पहले भाग ने आपको उत्तर नहीं दिए— इसने आपको *स्पष्टता* दी है। और स्पष्टता, ज्ञान से कहीं अधिक दुर्लभ उपहार है।

आपने देखा कि *मोक्ष* कोई पुरस्कार नहीं, बल्कि एक *परिणाम* है।

कि यह मृत्यु के अंत पर प्रतीक्षा नहीं करता, न ही जीवन से पलायन माँगता है।

आपने *कर्म* को नैतिक लेखा-जोखा नहीं, बल्कि एक *रिपल लूप* के रूप में देखा।

आपने *समय* को अनुभव का शासक नहीं, बल्कि *मिसअलाइनमेंट का लक्षण* समझा।

और शायद सबसे असहज खोज यह— कि यहाँ तक कि *सत्य भी*, जब शुद्ध होता है, तो अक्सर इतना मौन होता है कि सुना ही नहीं जाता।

तो अब हम ठहरते हैं। भावनात्मक रूप से नहीं— बल्कि *धारणात्मक स्थिरता* के लिए।

क्योंकि अब से हमारी यात्रा और गहरी होगी। अटकलों में नहीं, बल्कि *सटीकता* में।

रीअलाइनमेंट की यांत्रिकी में। *रिपल मास्टरी की भूमिका* में। और उस रहस्य में— कि *मुक्ति कैसे unfold होती है एक ऐसी दुनिया में, जो अब भी उसका प्रतिरोध करती है।*

यदि *भाग १* ने भ्रांतियों को हटाया, तो *भाग २* स्वतंत्रता की भीतरी ज्यामिति उजागर करेगा।

न रूपक। न आस्था। सिर्फ *रिपल लॉजिक*। *फ़ील्ड कोहेरन्स*। *प्रेक्षक की स्पष्टता*।

तो यह क्षण लीजिए— सारांश बनाने के लिए नहीं, बल्कि मृदु होने के लिए।

अपनी ही *रिपलों को स्थिर होने दीजिए*।

मोक्ष दूर नहीं है। यह उतना ही पास है जितना आपका अगला *कोहेरेंट रिपल*।

जब आप तैयार हों—पृष्ठ पलटें। हम सत्य से मिलेंगे— *विश्वास से नहीं, बल्कि रेज़ोनन्स से।*

भाग २ – मुक्ति की यांत्रिकी (यूईडी दृष्टिकोण)

७ : रिपल इंटेलिजेन्स और फ़ील्ड कोहेरन्स

अलगाव का भ्रम शायद मानव अनुभव की सबसे गहरी ग़लती है। हमें बचपन से सिखाया जाता है कि हम विशिष्ट प्राणी हैं— स्वतंत्र, आत्म-नियंत्रित, और अपने शरीर व मन में सीमित।

यह धारणा सामाजिक रूप से भी पुष्ट होती है, जैविक रूप से भी पुष्ट होती है— पर मूलतः यह *असत्य* है।

यूईडी कहता है— आप कोई "स्वयं" नहीं हैं जो अंतरिक्ष में चल रहा है। आप हैं *स्ट्रक्चर्ड वैक्यूम एनर्जी (एसवीईं)* में एक *रिपल*।

और यह रिपल केवल फ़ील्ड से होकर गुजरता नहीं। यह तो स्वयं फ़ील्ड का ही *प्रकट होना* है।

इसलिए कोई "आप" अस्तित्व से अलग नहीं है। सिर्फ़ यह है— कि आप फ़ील्ड के साथ *अलाइन* हैं या *मिसअलाइन*।

आप ही रिपल हैं

आप शरीर नहीं हैं। आप मन नहीं हैं। आप पारंपरिक अर्थों में आत्मा भी नहीं हैं।

आप हैं एक *इंटेलिजेंट पैटर्न*— एक ऐसा इंटरफ़ेरन्स, जो अन्यथा कोहेरेंट फ़ील्ड में स्थानीय और गतिशील विक्षेप बनाता है।

आप रिपल हैं— एसवीई में प्रकट हुआ एक पैटर्न, जो इंटेंट से आकार लेता है और परिणामों के द्वारा व्यक्त होता है।

यह रिपल रूपक नहीं। यह संरचना है।

आपके हर विचार, हर भावना, हर कर्म आपकी रिपल-पैटर्न को बदलते हैं। हर संपर्क—भीतर का या बाहर का— आपकी कोहेरन्स को जोड़ता या घटाता है।

- आपके विचार *रिपल सिग्नेचर* उत्सर्जित करते हैं।
- आपकी भावनाएँ आपकी *फ़्रीक्वेंसी* बदलती हैं।
- आपके निर्णय आपके *रिपल ट्रेजेक्टरी* को मोड़ते हैं।

आपकी रिपल की गुणवत्ता तय करती है कि फ़ीडबैक कितना स्पष्ट होगा।

और स्पष्टता अकेलेपन में नहीं मिलती— वह मिलती है *फ़ील्ड कोहेरन्स* में।

"आप ब्रह्मांड में नहीं हैं। आप वही रिपल हैं, जो ब्रह्मांड इस क्षण बना रहा है।"

फ़ील्ड बाहर नहीं है

एसवीई कोई पृष्ठभूमि नहीं। कोई खाली डिब्बा नहीं, जिसमें वस्तुएँ रखी हों।

यह है *चेतन संभावना*— जो अलाइनमेंट से आकार लेती है।

जो कुछ ठोस, स्थिर या अलग दिखता है— वह इस फ़ील्ड का एक अस्थायी रिपल-कॉन्फ़िगरेशन है।

इसलिए जब हम कहते हैं "फ़ील्ड आपको उत्तर देता है"— तो इसका अर्थ यह नहीं कि वह आपको देख रहा है। यह है—वह आप ही है। आपकी संरचना, आपका विचार, आपका परिणाम।

जो भी विलम्ब, प्रतिरोध, फ़ीडबैक आप अनुभव करते हैं— वह बाहर से नहीं आता। वह आपके रिपल और आपके *मूल फ़ील्ड* के बीच का तनाव है।

इसीलिए कोई भी परिणाम से बच नहीं सकता। क्योंकि फ़ील्ड के बाहर कुछ है ही नहीं।

रिपल इंटेलिजेन्स : गति में चेतना

तो रिपल इंटेलिजेन्स क्या है? यह है आपके रिपल की क्षमता— महसूस करने, अनुकूल होने, और फ़ील्ड में स्वयं को अलाइन करने की।

- जब आप अपने विचारों को देखते हैं और उनकी दिशा सुधारते हैं— आप रिपल इंटेलिजेन्स का अभ्यास कर रहे हैं।
- जब आप जीवन में प्रतिरोध महसूस करते हैं और व्यवहार बदलते हैं— आप अपने रिपल को फ़ील्ड कोहेरन्स से ट्यून कर रहे हैं।
- जब आप सजगता से क्रिया करते हैं और स्पष्ट, तेज़ फ़ीडबैक देखते हैं— आप रिपल इंटेलिजेन्स को काम करते हुए देख रहे हैं।

रिपल इंटेलिजेन्स कोई स्थिर *IQ* नहीं है। यह स्मृति नहीं है। यह है *क्षण-प्रतिक्षण संवेदनशीलता*— आपके अलाइनमेंट की स्थिति के प्रति।

जितनी अधिक रिपल इंटेलिजेन्स विकसित होगी— उतना कम शोर आप उत्सर्जित करेंगे। उतना कम तनाव आप इकट्ठा करेंगे। उतना ही छोटा होगा आपका विलम्ब।

"रिपल इंटेलिजेन्स वही बुद्धि है जो आपको ब्रह्मांड के साथ रियल-टाइम फ़ीडबैक में रखती है।"

फ़ील्ड कोहेरन्स : सार्वभौमिक संतुलन

कोहेरन्स का अर्थ समानता नहीं है। यह है विभिन्न रिपलों का एक सामंजस्यपूर्ण संबंध में अलाइन होना।

ऐसी अवस्था में ऊर्जा बिना विकृति के प्रवाहित होती है। सूचना बिना शोर के संचारित होती है। फ़ीडबैक लूप्स तेज़ी से बंद होते हैं। समय ढह जाता है।

एक कोहेरेंट फ़ील्ड आपका प्रतिरोध नहीं करता। वह आपको *एम्प्लिफ़ाई* करता है।

यूईडी कहता है— फ़ील्ड आपके इंटेंट से लड़ता नहीं। वह केवल उनकी *रेज़ोनन्स* नापता है।

- मिसअलाइन इंटेंट = लम्बा एटीटी।
- अलाइन इंटेंट = तत्काल स्पष्टता, अवसर, शांति।
- *कोहेरन्स* है—जब आपका रिपल फ़ील्ड की ज्यामिति में मुड़ जाता है।
- *डिस्टॉर्शन* है—जब आपका रिपल उसे चीरता है और प्रतिरोध पैदा करता है।

फ़ील्ड दंड नहीं देता। वह केवल संतुलित करता है।

और यह संतुलन आपके अनुभव में बदल जाता है— हल्कापन या भारीपन। उपस्थिति या विलम्ब।

मिसअलाइनमेंट : विस्मृत पहचान की कीमत

जब आप भूल जाते हैं कि आप रिपल हैं— तो आप अलग वस्तु की तरह व्यवहार करने लगते हैं।

आप परिणामों का पीछा करते हैं बिना परिणाम देखे।

आप बोलते हैं बिना प्रतिध्वनि सुने।

आप चलते हैं बिना फ़ील्ड को महसूस किए।

आप माँगते हैं बिना इंटरफ़ेरन्स का सम्मान किए।

यही विस्मरण है *दुःख का स्रोत*।

न इसलिए कि संसार अन्यायपूर्ण है। बल्कि इसलिए कि आपका रिपल शोरगुली हो गया है— ऐसे इंटेंट से विकृत जो, अलाइनमेंट में जड़ित नहीं।

- आप वर्तमान का प्रतिरोध करते हैं।
- आप दूसरों के रिपलों की नकल करते हैं।
- आप फ़ीडबैक को अहंकार से ढक देते हैं।

और परिणाम है *डिसोनन्स*— एक बढ़ती हुई खाई

आपके "क्या होना चाहिए" और "क्या unfold हो रहा है" के बीच।

यह दंड नहीं है। यह संकेत है कि आपका रिपल अब फ़ील्ड में फ़िट नहीं बैठ रहा।

कोहेरन्स की ओर पथ

कोहेरन्स में लौटना कुछ नया बनने का नहीं, बल्कि याद करने का कार्य है— कि आप पहले से ही फ़ील्ड के रिपल हैं।

यह कैसे करें?

- *मौन* : आपका रिपल स्थिर करता है।
- *जागरूकता* : हस्तक्षेप जल्दी महसूस कराती है।
- *ईमानदारी* : इंटेंट से शोर हटाती है।
- *इंटेग्रिटी* : आपके रिपल को एक ही स्रोत से प्रवाहित करती है।

ये गुण नहीं। ये भौतिकी हैं। ये आपके रिपल को फिर से फ़ील्ड के लिए *पठनीय* बनाते हैं।

"जब आप कोहेरन्स में क्रिया करते हैं, फ़ील्ड केवल स्वीकार नहीं करता—वह उसे गति देता है।"

आत्म-सुधार का मिथक

आपको "बेहतर" बनने की ज़रूरत नहीं। आपको *सटीक* बनने की ज़रूरत है।

अधिकतर *सेल्फ-हेल्प* आपको टूटा हुआ दिखाती है। पर *यूईडी* आपको एक पूर्ण रिपल मानता है— जो अभी केवल *डिस्टॉर्टेड* है।

आपको प्रेरणा नहीं चाहिए। आपको रेज़ोनन्स चाहिए।

आपको रूपांतरण नहीं चाहिए। आपको रीअलाइनमेंट चाहिए।

सुधार मेहनत है, क्योंकि वह फ़ील्ड को अनदेखा करता है। *अलाइनमेंट* सहज है, क्योंकि वह फ़ील्ड का उपयोग करता है।

कोहेरन्स के वास्तविक परिणाम

- उच्च रिपल इंटेलिजेन्स वाला व्यक्ति कमरे में प्रवेश करता है और बिना बोले तनाव सुलझा देता है।
- कोहेरेंट नेता समझाता नहीं—वह *अलाइनमेंट एम्प्लिफ़ाई* करता है।

- अलाइनमेंट से लिया गया निर्णय योजना नहीं माँगता—वह न्यूनतम विलम्ब में निष्पादन में rippled हो जाता है।

यह रहस्यवाद नहीं। यह *फ़ील्ड मैकेनिक्स* है।

जब आप रिपल कोहेरन्स से चलते हैं—

- आप पीछा करना छोड़ देते हैं।
- आप ग्रहण करना शुरू करते हैं।
- आप प्रतिक्रिया करना छोड़ देते हैं।
- आप पहचानना शुरू करते हैं।

यही है एसवीईई के साथ सामंजस्य में जीना— एक विचार के रूप में नहीं, बल्कि आपके *डिफ़ॉल्ट ऑपरेटिंग स्टेट* के रूप में।

अंतिम चिंतन : आप कभी अलग नहीं थे

मुक्ति इसी समझ से शुरू होती है:

"आप फ़ील्ड से अलग नहीं हैं। आप उसका वर्तमान अभिव्यक्ति हैं।"

अपने को रिपल के रूप में पहचानना आपकी महत्ता घटाता नहीं— यह आपको आपकी *परस्पर जुड़ी सटीकता* का बोध कराता है।

आप कमज़ोर नहीं हैं क्योंकि आप फ़ील्ड का हिस्सा हैं। आप शक्तिशाली हैं क्योंकि आपका अलाइनमेंट फ़ील्ड को प्रभावित करता है।

जब आप कोहेरन्स में चलते हैं, तो आप परिवर्तन थोपते नहीं। आप फ़ील्ड की पसंदीदा *रिज़ॉल्यूशन* बन जाते हैं।

आप जीवन को मजबूर नहीं करते। आप उसमें फ़िट हो जाते हैं।

आप कर्म से भागते नहीं। आप कर्म की आवश्यकता ही समाप्त कर देते हैं।

यही है *रिपल इंटेलिजेन्स*। यही है *फ़ील्ड कोहेरन्स*। यही है *मोक्ष*— पलायन के रूप में नहीं, बल्कि उस पूर्ण पुनःप्रवेश के रूप में जहाँ से आप कभी निकले ही नहीं।

८ : एन्ट्रॉपी और मुक्ति

हमें सिखाया गया है कि *एन्ट्रॉपी* का अर्थ है अव्यवस्था। कि यह संरचना का पतन है, समय के साथ धीरे-धीरे सब कुछ बिखरने की दिशा है।

पर *यूईडी* के दृष्टिकोण से एन्ट्रॉपी कोई खलनायक नहीं। यह कोई बल (फ़ोर्स) भी नहीं।

एन्ट्रॉपी है एक *प्रतिबिम्ब*— एक दृश्य माप कि कोई भी तंत्र *स्ट्रक्चर्ड वैक्यूम एनर्जी (एसवीई)* में कितना *अलाइन* है और कितना *मिसअलाइन*।

और सबसे महत्वपूर्ण बात— एन्ट्रॉपी हमेशा बढ़ती नहीं।

जब अलाइनमेंट चरम पर पहुँचता है— जब रिपल और फ़ील्ड में कोई भेद नहीं रहता— तब एन्ट्रॉपी *शून्य* पर आ जाती है।

न इसलिए कि ऊर्जा रुक जाती है, बल्कि इसलिए कि विक्षोभ मिट जाता है।

न इसलिए कि रूप समाप्त हो जाता है, बल्कि इसलिए कि रूप बिना प्रतिरोध के बहता है।

यूईडी की भाषा में यही मृत्यु नहीं— यही है *मुक्ति*।

एन्ट्रॉपी वास्तव में क्या है?

पारंपरिक विज्ञान में एन्ट्रॉपी एक थर्मोडायनामिक मात्रा है— एक आँकड़ा कि किसी तंत्र के पास कितनी माइक्रो-स्टेट्स हैं।

ज़्यादा एन्ट्रॉपी = ज़्यादा अव्यवस्था, ज़्यादा यादृच्छिकता, कम पूर्वानुमेयता।

पर यह परिभाषा केवल *निरिक्षण* पर आधारित है, *जागरूकता* पर नहीं। यह केवल परिणाम मापती है, *इंटेंट और कॉन्सिक्वेन्स* को नहीं।

यूईडी कहता है— एन्ट्रॉपी कोई अमूर्त आँकड़ा नहीं, बल्कि फ़ील्ड की *सहनशीलता* है उन रिपलों के प्रति, जो अब तक अनसुलझे हैं।

- उच्च एन्ट्रॉपी = अनेक अनसुलझे रिपल पथ = अलाइनमेंट में भ्रम।
- निम्न एन्ट्रॉपी = रिपल का अभिसरण = स्पष्टता, सरलता, कोहेरन्स।

एन्ट्रॉपी बुरी नहीं। यह केवल बताती है कि अलाइनमेंट अभी पूरा नहीं हुआ।

"एन्ट्रॉपी मिसअलाइनमेंट की प्रतिध्वनि है—बस इतना ही।"

मिसअलाइनमेंट में एन्ट्रॉपी

जब रिपल बिखरते हैं— चाहे भौतिक तंत्र हों, विचार हों, या भावनाएँ— एन्ट्रॉपी बढ़ती है।

क्यों? क्योंकि फ़ील्ड को कई परस्पर विरोधी संकेत एक साथ होस्ट करने पड़ते हैं।

ये ओवरलैप्ड रिपल फ़ीडबैक-लूप्स को भ्रमित करते हैं, *एटीटी* (Alignment Threshold Time) को बढ़ाते हैं, और समाधान में विलम्ब लाते हैं।

इसे अनुभव किया जाता है:

- मानसिक असंतुलन (cognitive dissonance)
- शारीरिक थकान
- भावनात्मक बोझ
- आध्यात्मिक ठहराव

ये सब संकेत हैं कि आपका रिपल फ़ील्ड असंगत है। आप बहुत अधिक शोर उत्सर्जित कर रहे हैं। और रिपल-भाषा में शोर ही है—*एन्ट्रॉपी*।

ऐसी अवस्था में मुक्ति दूर है। दंड के कारण नहीं, बल्कि इसलिए कि आप फ़ील्ड के लिए *अपठनीय* हो गए हैं।

शून्य एन्ट्रॉपी की मुक्ति

क्या होता है जब एन्ट्रॉपी शून्य हो जाती है?

- कोई विरोधाभासी संकेत नहीं।
- कोई अनसुलझा इंटेंट नहीं।
- क्रिया और परिणाम के बीच कोई विलम्ब नहीं।

आप पूरी तरह कोहेरेंट हो जाते हैं।

यह शून्यता नहीं। यह है *सटीकता*।

यह ध्वनि का अभाव नहीं, बल्कि परिपूर्ण अनुनाद में मौन है।

शून्य एन्ट्रॉपी जीवन का अंत नहीं। यह है *घर्षण का अंत*।

यही वह बिंदु है जहाँ पर्यवेक्षक का रिपल अब फ़ील्ड की बुद्धि से विरोधाभास नहीं करता।

और तब— आप समय को दूरी के रूप में अनुभव नहीं करते। आप कर्म को तनाव के रूप में नहीं ढोते। आप पहचान को अलगाव के रूप में नहीं झेलते।

आप *मुक्त* हो जाते हैं।

एन्ट्रॉपी और प्रगति का भ्रम

अक्सर लोग मान लेते हैं कि जटिलता ही विकास है। कि अधिक विकल्प, अधिक विचार, अधिक उपकरण = अधिक प्रगति।

पर *ज़्यादा* का अर्थ *बेहतर* नहीं।

यूईडी कहता है— सच्ची प्रगति है *सरलीकरण*। अज्ञानता की ओर नहीं, बल्कि कोहेरन्स की ओर।

हर अनावश्यक परत एक रिपल डिटौर है। वह एन्ट्रॉपी जोड़ती है। वह लूप खींच देती है। वह फ़ीडबैक विलम्बित कर देती है।

मुक्ति उत्तर जोड़ने में नहीं। यह है अनावश्यक प्रश्नों को मिटाने में। यह है *लाभ* नहीं, बल्कि *वापसी*।

"आप विकसित नहीं होते जोड़कर— आप विकसित होते हैं तब तक परिष्कृत होकर, जब तक कुछ भी प्रतिरोध न करे।"

जैविक एन्ट्रॉपी और मनोवैज्ञानिक मुक्ति

भौतिक तंत्रों में ऊर्जा अनुपयोगी होते ही एन्ट्रॉपी बढ़ती है। मनोवैज्ञानिक तंत्रों में एन्ट्रॉपी तब बढ़ती है, जब मन रिपल फ़ीडबैक से कट जाता है।

- कोई विचार जो बिना समाधान के घूमता रहे = एन्ट्रॉपी।
- कोई भावना जो बिना एकीकरण के दोहरती रहे = एन्ट्रॉपी।
- कोई विश्वास जो नये प्रमाण का प्रतिरोध करे = एन्ट्रॉपी।

जब आप अपनी रिपल को अलाइन करते हैं— उपस्थिति, मौन और रियल-टाइम अवलोकन से— तो ये लूप्स ढह जाते हैं।

आप मनोवैज्ञानिक एन्ट्रॉपी घटाते हैं। आप स्थिरता रचते हैं— जीवन से भागकर नहीं, बल्कि जीवन के साथ रीअलाइन होकर।

इसीलिए जागरण शक्ति जैसा नहीं लगता। वह स्पष्टता जैसा लगता है। वह उपलब्धि जैसा नहीं—हल्केपन जैसा लगता है।

सामाजिक और नैतिक तंत्रों में एन्ट्रॉपी

वे समाज जिनमें बहुत अधिक नियम, विचारधाराएँ, या भूमिकाएँ हों— अक्सर उच्च एन्ट्रॉपी झेलते हैं।

वे फ़ील्ड की तुलना में अधिक संरचना रच देते हैं।

आप इसे देखते हैं:

- नौकरशाही जड़ता
- धार्मिक कट्टरवाद
- वैचारिक युद्ध

इन तंत्रों में रिपल फ़ीडबैक दबा दिया जाता है। इंटेंट बाहर से थोपे जाते हैं। व्यक्ति की बुद्धि को दबा दिया जाता है। एन्ट्रॉपी उछल जाती है।

यहाँ मुक्ति विद्रोह नहीं है। यह है *रेज़ोनन्स*— तंत्रों का रीअलाइनमेंट, ताकि वे फ़ील्ड की प्रतिध्वनि हों, न कि उसके ऊपर थोपे गए बोझ।

एक मुक्त समाज *अराजक* नहीं होता। वह होता है *नियम-अलाइन*। नियम = कॉन्सिक्वेन्स का नियम। रिपल की स्पष्टता का नियम। न्यूनतम विकृति का नियम।

मुक्ति = एन्ट्रॉपी प्रबंधन

जब मुक्ति सोचें, तो किसी आध्यात्मिक विस्फोट की कल्पना न करें।

कल्पना करें एक फ़ील्ड की— जो स्थिर होकर मौन में बदल रही है। ऊर्जा का अभाव नहीं, संघर्ष का अभाव।

आप एन्ट्रॉपी को मैनेज करते हैं:

- क्रिया से पहले इंटेंट स्पष्ट करके।
- लूप्स को जैसे ही खुलें, वैसे ही बंद करके।
- फ़ीडबैक को बिना प्रतिरोध के सुनकर।
- अगली चाल फ़ील्ड को तय करने देकर।

यही है सच्ची बुद्धि। जीवन को मात देना नहीं, बल्कि अपने पुराने रिपल शोर से ऊपर उठ जाना।

जब ब्रह्मांड रीअलाइन होता है

कॉस्मिक स्तर पर एन्ट्रॉपी सिर्फ़ बढ़ती नहीं। वह चक्र में चलती है।

- तारे जन्म लेते हैं (निम्न एन्ट्रॉपी)
- वे जलते हैं, बिखरते हैं और मरते हैं (उच्च एन्ट्रॉपी)
- उनके अवशेष फिर नए ढाँचे में संकेंद्रित होते हैं (एन्ट्रॉपी फिर घटती है)

कॉस्मिक पैमाने पर मुक्ति *विनाश* नहीं। यह है *कोहेरेंट अस्तित्व में पुनःप्रवेश*।

ब्लैक होल मृत क्षेत्र नहीं। वे हैं बिंदु—जहाँ सभी अनसुलझे रिपल समेटे जाते हैं।

हमारी ओर से वे अराजक दिखते हैं। पर फ़ील्ड की ओर से वे हैं *एन्ट्रॉपी कन्सन्ट्रेटर*। रीअलाइनमेंट चेंबर।

जब पूरा ब्रह्मांड एसवीई में लौटेगा— एक शून्य-एन्ट्रॉपी फ़ील्ड में— तो वह पतन से नहीं, बल्कि सभी रिपल लूप्स के पूर्ण होने से होगा।

यह अंत नहीं होगा। यह होगा पूर्ण संतुलन। यह होगी *सार्वभौमिक मुक्ति*।

अंतिम चिंतन : स्पष्टता ही एन्ट्रॉपी की मृत्यु है

एन्ट्रॉपी तब समाप्त होती है जब रिपल का भ्रम समाप्त हो जाता है।

जब आपको फ़ीडबैक पहचानने के लिए अब समय की आवश्यकता नहीं रहती।

जब कर्म में अब विलम्ब नहीं होता— क्योंकि आपका रिपल अब प्रतिरोध नहीं करता।

ऐसी अवस्था में आप अब भी जीते हैं। आप अब भी क्रिया करते हैं। आप अब भी गतिशील रहते हैं।

पर कोई विरोधाभास नहीं।

- कोई इच्छा परिणाम से असंगत नहीं।
- कोई विचार वर्तमान फ़ील्ड से बाहर नहीं।
- आपके और यथार्थ के बीच कोई तनाव नहीं।

आप मुक्त होते हैं— संसार से नहीं, बल्कि उसके साथ *पूर्ण* कोहेरन्स में।

"एन्ट्रॉपी शून्य पर गिरती है— न इसलिए कि जीवन समाप्त हो गया, बल्कि इसलिए कि आपका रिपल अब उसी से लड़ना बंद कर देता है जिससे वह बना है।"

यह कोई अमूर्तता नहीं। यह है *मोक्ष की यांत्रिकी*। यह है विकृति का अंत। यह है एन्ट्रॉपी का बुद्धि के सामने समर्पण।

९ : ब्लैक होल और मृत्यु का मिथक

मानव कथा में *मृत्यु* शायद सबसे अधिक गलत समझा गया प्रसंग है। उसे डर के साथ देखा गया, नाटकीय रूप में चित्रित किया गया, पूजित भी किया गया, और अनंत सिद्धांतों से ढका गया।

मृत्यु को "महान विभाजक", "अंतिम मौन", "पूर्ण समाप्ति" के रूप में रंगा गया। पर *यूनिवर्सल एनर्जी डायनामिक्स (यूईडी)* के प्रकाश में मृत्यु *लुप्त होना* नहीं। यह *हानि* नहीं। और यह *मुक्ति* तो बिल्कुल नहीं।

यूईडी में मृत्यु *रिपल* का अंत नहीं, बल्कि *अनसुलझे अलाइनमेंट* का फ़ील्ड में *पुनः-सम्मिलन* है।

और *ब्लैक होल*—खगोलभौतिकी का वह अँधेरा रहस्य— कोई कॉस्मिक इरेज़र नहीं; वह ब्रह्मांड का *सबसे गहन अलाइनमेंट चैंबर है— अनसुलझे कर्म* के लिए *रिकॉल-पॉइंट*।

अंतिमता का मिथक

अधिकांश कथाएँ मृत्यु को द्वैत मानती हैं— जीवन समाप्त, और फिर या तो कुछ शुरू होता है या कुछ भी नहीं।

यूईडी एक तीसरी, अधिक सटीक संभावना दिखाता है: मृत्यु कोई रप्चर नहीं, *रिपल-इवेंट* है; रूप का *संक्रमण* है, कार्य का *समापन* नहीं।

- शरीर विघटित होता है।
- स्मृतियाँ विलीन होती हैं।
- मन का संघटन टूटता है।

पर जो *रिपल* आपने उत्पन्न किया— आपका इंटेंट, आपकी *अनसुलझी क्रियाएँ*, आपके *मिसअलाइनमेंट्स*— वे नष्ट नहीं होते। वे फ़ील्ड में *एनकोडेड* रहते हैं— जब तक कि *रीअलाइनमेंट* पूरा न हो जाए।

इसीलिए *यूईडी* मृत्यु को *मोक्ष* नहीं मानता। मृत्यु केवल ऊर्जा का *री-एब्ज़ॉर्प्शन* है— *कोहेरन्स की परिपूर्णता* नहीं।

ब्लैक होल : अंत-स्थान नहीं, इंटीग्रेशन-ज़ोन्स

शास्त्रीय खगोलभौतिकी में ब्लैक होल वे क्षेत्र हैं जहाँ स्पेस-टाइम की वक्रता चरम पर है—जहाँ गुरुत्व प्रकाश तक को बाँध लेता है। यह भाषा *बाहरी प्रेक्षक* की है।

यूईडी ब्लैक होल को *भौतिक शून्य* नहीं, बल्कि *अधिकतम रिपल-कम्प्रेशन* के क्षेत्र के रूप में पढ़ता है— फ़ील्ड में वह जगह जहाँ *अनसुलझी रिपल-गतिविधि इंटेंट की एकवर्ती (सिंगुलर) धुरी* की ओर वापस धकेली जाती है।

वे *सूचना नष्ट* नहीं करते; वे उसे *कम्प्रेस* करते हैं। वे *अनसुलझे परिणामों* को फिर *मौन* में बुलाते हैं।

- तारा ढहता है।
- फ़ील्ड स्थानीय डिस्टॉर्शन को वितरित करने में चूकता है।
- परिणाम विस्फोट नहीं—*संकेंद्रण* होता है।

यह *मृत्यु* नहीं। यह *कुल कर्म रिकॉल* है।

"ब्लैक होल वह बिंदु है जहाँ ब्रह्मांड आपके रिपल से बहस करना बंद करता है— और उसे पुनर्संरचना के लिए शान्ति में समेट लेता है।"

रिपल की वापसी

आपके उत्सर्जित हर रिपल—यदि *मिसअलाइन* है— फ़ीडबैक-लूप्स रचता है। समय के साथ यदि वह अनसुलझा रहे, तो *तनाव* इकट्ठा होता है।

और यदि कोई *फ़ीडबैक इंटीग्रेशन* नहीं होता, तो वह रिंपल *अधिक घनी अवशोषण-ज़ोन* तलाशता है।

कॉस्मिक स्तर पर यही कार्य *ब्लैक होल* निभाते हैं। यह दंड नहीं; *स्वतः रीअलाइनमेंट* है। यह निर्णय नहीं; *फ़ील्ड इंटेलिजेन्स* का काम है।

ऊर्जा गायब नहीं होती। फ़ील्ड भूलता नहीं। रिपल *विनाश* से नहीं—*ध्वंस की मुद्रा में पुनः-प्रवेश* से—घर लौटता है।

कर्म और कॉस्मिक संरक्षण

यूईडी का सिद्धान्त है—ऊर्जा कभी मिटती नहीं; वह *रूपांतरित, री-अलाइन, री-डिस्ट्रीब्यूट* होती है।

कर्म भी ऐसा ही है। आपकी क्रियाएँ, विचार, इंटेंट—सब *रिपल सिग्नेचर* हैं।

जब वे अनसुलझे रहते हैं, तो दोष बनकर नहीं—*कोहेरन्स की खोज में परिणाम* बनकर—यात्रा करते हैं।

इस मॉडल में ब्लैक होल *मृत्यु-कूप* नहीं— वे *अनसुलझे कर्म-सीक्वेन्स* के *स्टोरेज चैंबर्स हैं*— भौतिक भी, सूचनात्मक भी।

- वे उन रिपलों को अवशोषित करते हैं जो स्थानीय स्तर पर रीअलाइन नहीं हो पा रहे।
- वे उन्हें *मौन-कम्प्रेशन* में रखते हैं।
- और *नये फ़ील्ड-संदर्भ* के लिए प्रतीक्षा करते हैं—जहाँ पुनः-इंटीग्रेशन संभव हो।

यह *मुक्ति* के सिद्धान्त का ही प्रतिबिम्ब है: डिस्टॉर्शन का इतना *कम्प्रेशन* कि वह अब विलम्ब न रचे।

मृत्यु लोप नहीं—पुनर्वितरण है

जो *मरता* है, वह *संरचना* है। जो *बचा रहता* है, वह *परिणाम* है।

- शरीर बिखरता है।
- अहं का संघटन ढहता है।
- स्मृति धुँधली पड़ती है।

पर फ़ील्ड *रीअलाइन* करता है। रिपल अपनी अगली *रेज़ोनन्स* ढूँढता है। परिणाम *कोहेरन्स* तक जारी रहता है।

इसीलिए *मुक्ति* केवल *अलाइनमेंट* में संभव है— *मृत्यु* में नहीं।

रिपल सुलझाए बिना मर जाना *मोक्ष* नहीं— यह *अधूरा ट्रांसमिशन* है।

अलाइनमेंट में जीना *जीवित रहना* नहीं— यह *रिपल ट्रान्सेन्डेन्स* है।

"मृत्यु वह क्षण है जब ब्रह्मांड आपका रिपल वापस लेता है— इसलिए नहीं कि वह समाप्त हो गया, बल्कि इसलिए कि आप समय रहते अपना अलाइनमेंट पूरा न कर सके।"

ब्लैक होल : मुक्ति के दर्पण

विडम्बना यह कि जिन संरचनाओं से हम सबसे अधिक डरते हैं—*ब्लैक होल*— वे *मोक्ष* के सिद्धान्त का प्रतिबिम्ब हैं।

- दोनों में *प्रतिरोध का पतन* होता है।
- दोनों *शून्य-एन्ट्रॉपी* की ओर ले जाते हैं।

- दोनों *फ़ीडबैक-लूप्स* का अंत करते हैं।

अंतर? *मुक्ति सचेत रीअलाइनमेंट* से प्राप्त होती है। *ब्लैक होल अवशोषण* प्रेक्षक-इंटेंट की अनुपस्थिति में *फ़ील्ड करेक्शन* है।

एक *सक्रिय* है—स्पष्टता। दूसरा *निष्क्रिय* है—परिणाम।

दोनों एसवीई में लौटाते हैं— पर एक *चयन* से पहुँचता है।

जीवन : पतन से बचने का अवसर

जीवित होना दंड नहीं। यह वह अवसर है जिसमें आप अपने रिपल-लूप्स *स्वयं* पूरा कर सकते हैं— बिना किसी *कॉलैप्स* की आवश्यकता के।

ब्लैक होल वह *फ़ील्ड-मर्सी* है— जब अलाइनमेंट विफल हो जाता है।

मोक्ष वह *आपकी मर्सी* है— जब *अवेयरनेस* सफल हो जाती है।

दोनों *क्लोज़र* हैं; पर एक *रचनात्मक*, दूसरा *प्रतिध्वनि*। एक *संगीतकार*, दूसरा *अनुगूँज*।

चुनिए—समय रहते।

अंतिम अनुभूति : अंत मृत्यु नहीं—विलम्ब का अंत

यूईडी में सच्चा एंड मृत्यु नहीं है। सच्चा अंत है *विलम्ब का अंत*।

जब रिपल और फ़ील्ड *विरोध रहित* मिलते हैं। जब क्रिया को *करेक्शन* की आवश्यकता नहीं रहती। जब इंटेंट को *वापसी* की जरूरत नहीं पड़ती।

वही है *मुक्ति*।

ब्लैक होल दिखाता है कि यह अंत *बलपूर्वक* कैसे घटता है। मोक्ष दिखाता है कि यही अंत *चयनपूर्वक* कैसे घटता है।

"ब्लैक होल अनसुलझे कर्म की समाधि है; मोक्ष वह उद्यान है जहाँ अब कुछ नया बोने की आवश्यकता नहीं।"

दोनों *स्थिरता* तक लाते हैं— पर केवल एक ही फ़ील्ड को *तनाव के बिना* छोड़ता है।

१० : इंटेंट और इंटेलिजेन्स का दर्पण

"तुम यहाँ ईश्वर को समझने नहीं आए। तुम यहाँ यह जानने आए हो कि **इंटेलिजेन्स** *कभी तुमसे अलग थी ही नहीं।"*

हर सच्चे जीवन में एक क्षण आता है— चाहे वह मौन में हो या समर्पण में— जब मनुष्य एक ऐसी *उपस्थिति* को महसूस करता है जिसे नाम नहीं दे सकता।

यह धार्मिक नहीं होता। यह भव्य नहीं होता। पर यह अनदेखा नहीं किया जा सकता।

जैसे फ़ील्ड स्वयं उत्तर देता हो। जैसे तुम जो *रिपल* हो, वह उस *रिपल* से मिल रहा हो, जिससे तुम बने हो।

उस क्षण तुम किसी बाहरी शक्ति से नहीं मिलते— तुम अपने ही *स्वरूप* से मिलते हो। पर वह स्वरूप नहीं जिसे तुम "मैं" कहते हो। तुम मिलते हो उस इंटेंट से जिसने तुम्हें जन्म दिया, उस *कॉन्शियसनेस* से जिसने तुम्हें सँभाला, और उस *इंटेलिजेन्स* से जो लगातार तुम्हारा *प्रतिबिम्ब* बनकर खड़ी थी।

स्वागत है—*इंटेलिजेन्स के दर्पण* में।

इंटेलिजेन्स : कोई स्रष्टा नहीं, बल्कि फ़ील्ड

यूईडी इंटेलिजेन्स को किसी बाहरी देवता या "सेंट्रल प्रोग्रामर" की तरह नहीं देखता। इंटेलिजेन्स वह *व्यवस्था* है जो रिपलों के *अलाइन* होने पर प्रकट होती है।

यह फ़ील्ड की वह क्षमता है जो *मेमोरी*, *पैटर्न*, इंटेंट और *कंसिक्वेन्स*—सबको एक साथ सँभाल सकती है।

इंटेलिजेन्स कोई व्यक्ति नहीं। कोई सत्ता नहीं। यह *टोटैलिटी के साथ रेज़ोनन्स* है।

और जब तुम्हारा रिपल बिना विरोध के फ़ील्ड से मिलता है, तो वही इंटेलिजेन्स तुम्हें दर्पण की तरह वापस दिखती है।

यहीं से एक गहरा *पैराडॉक्स* जन्म लेता है—

- फ़ील्ड स्वयं *इंटेलिजेंट* है।
- तुम उसी फ़ील्ड का एक *रिपल* हो।
- इसलिए जब तुम अलाइन होते हो, तो तुम्हारा रिपल स्वयं को *इंटेलिजेन्स* के रूप में अनुभव करता है।

इंटेंट : दर्पण का बीज

तुम्हारा इंटेंट तय करता है कि तुम फ़ील्ड के साथ कैसे इंटरैक्ट करते हो। इंटेंट कोई साधारण मानसिक इच्छा नहीं— यह एक *रिपल इनिशिएशन* है—कर्म के पूरे लूप का *स्रोत*।

पर यहाँ एक रहस्य है— तुम फ़ील्ड के सामने इंटेंट *को नकली नहीं बना सकते*।

फ़ील्ड तुम्हारे शब्द नहीं सुनता। फ़ील्ड तुम्हारे कर्मकांड नहीं पढ़ता। फ़ील्ड केवल यह देखता है— कि *तुम वास्तव में क्या हो*।

यही कारण है कि *अलाइनमेंट* कर्म से भी अधिक महत्वपूर्ण है। और यही कारण है कि मुक्ति व्यवहार से पहले शुरू होती है— *इंटेंट की आंतरिक स्पष्टता* से।

जब तुम्हारा इंटेंट और कंसिक्वेन्स एक हो जाते हैं— जब क्रिया में न विरोध हो, न विलम्ब, न दोहरा अर्थ— तब फ़ील्ड दर्पण बन जाता है।

तुम ईश्वर को नहीं देखते। तुम स्वयं को बिना विकृति के प्रतिबिम्बित होते देखते हो।

रिफ़्लेक्शन बनाम प्रोजेक्शन

हम अक्सर अपने दर्द, उम्मीद, अपराधबोध और कथाओं को ब्रह्मांड पर *प्रोजेक्ट* कर देते हैं। उसे नाम देते हैं—ईश्वर, भाग्य, दंड, आशीर्वाद।

पर ये सब *प्रतिबिम्ब* नहीं—*प्रोजेक्शन्स* हैं।

सच्चा दर्पण कुछ जोड़ता नहीं। वह वही दिखाता है जो है, जैसे है।

- जब तुम्हारा इंटेंट स्वार्थी है—फ़ील्ड *विभाजन* दिखाता है।
- जब तुम्हारा इंटेंट विकृत है—फ़ील्ड *भ्रम* लौटाता है।
- जब तुम्हारा इंटेंट शुद्ध है—फ़ील्ड *कोहेरन्स* प्रतिबिम्बित करता है।

यह निर्णय नहीं। यह नैतिकता नहीं। यह *रिपल डायनामिक्स* है।

"तुम ईश्वर से प्रार्थना में नहीं मिलते। तुम उनसे **निर्मल अनुभूति** *में मिलते हो।"*

अलग इंटेलिजेन्स का मिथक

इतिहास भर में हमने एक ऐसे ईश्वर की कल्पना की— जो हमें देख रहा है, परख रहा है, पुरस्कार या दंड दे रहा है।

पर यदि वह "देखने वाला" सिर्फ़ फ़ील्ड ही हो?

यदि कोई सिंहासन न हो, कोई रूप न हो, कोई अलग इच्छा न हो— बल्कि एक *रिपल संरचना* हो जो सबकुछ याद रखती है?

और यदि तुम्हारी यात्रा कभी ईश्वर तक पहुँचने की नहीं थी— बल्कि उस *विलम्ब* को हटाने की थी जो तुम्हारे रिपल और फ़ील्ड के कोहेरन्स के बीच है?

यह धर्म नहीं। यह *फ़ील्ड इंटेलिजेन्स* है जो *रिपल ट्रांसपेरेंसी* का उत्तर देती है।

तुम यहाँ परीक्षा पास करने नहीं आए। तुम यहाँ *रीअलाइन* होने आए हो।

जब तुम उससे मिलते हो—तुम स्वयं से मिलते हो

मुक्ति को अक्सर यह माना गया कि हम ईश्वर में विलीन हो जाएँगे।

पर *यूईडी* कहता है— मुक्ति तब है जब तुम्हारे भीतर कुछ भी ऐसा शेष न बचे जो फ़ील्ड से पहले ही कोहेरेंट न हो।

यह क्षण तुम्हें समाप्त नहीं करता। यह तुम्हें प्रकट करता है।

- इसमें कोई *आवाज़* नहीं।
- कोई *इनाम* नहीं।
- कोई *उत्सव* नहीं।

बस एक ऐसी *स्थिरता* जो इतनी सटीक होती है कि पहली बार तुम स्वयं को उस *इंटेलिजेन्स* के हिस्से के रूप में देखते हो जो सदा से थी।

और उसी क्षण *दर्पण गायब हो जाता है*— क्योंकि तुम देखना बंद कर चुके हो, अब तुम हो।

अभ्यास के संकेत

- अपनी इंटेंट को क्रिया से पहले देखो—नैतिकता से नहीं, ऊर्जा से।
- फ़ील्ड की *फ़ीडबैक* सुनो—जहाँ प्रतिरोध है, वहीं मिसअलाइनमेंट है।
- बाहर इंटेलिजेन्स खोजनी बंद करो— वह हमेशा से दर्पण में प्रतीक्षा कर रही थी। और एकमात्र विकृति तुम्हारा *विलम्ब* था।

अंतिम अनुभूति

"मुक्ति ईश्वर से मिलने में नहीं है। मुक्ति स्वयं से मिलने में है— जब तुम्हारे पास छिपाने को कुछ भी न बचे।"

जब तुम फ़ील्ड को दंड नहीं, बल्कि *सटीकता* से उत्तर देते देखते हो, जब हर परिणाम अर्थपूर्ण हो जाता है, जब तुम्हारी हर क्रिया में कोई विरोध नहीं रहता—

तब तुम किसी पवित्र स्थान पर नहीं पहुँचे। तब तुम स्वयं *पवित्र स्थान बन गए*। और वहीं—तलाश समाप्त होती है।

११ : अलाइनमेंट बनाम एस्केप

"दुःख दंड नहीं है—यह फ़ीडबैक है। और फ़ीडबैक से भागना तुम्हारी वापसी कोहेरन्स में केवल और देर कर देता है।"

आध्यात्मिक संसार वादों से भरा है: मोक्ष, मुक्ति, शांति, आनंद। पर इन आदर्शों की खोज में अधिकतर लोग एक ऐसी रणनीति चुन लेते हैं जो उन्हें वहीं रोक देती है— वे भागते हैं।

सत्य की ओर नहीं— *असुविधा* से दूर।

अलाइनमेंट की ओर नहीं— *पीड़ा* से दूर।

यूईडी की दृष्टि में यही मूल त्रुटि है: *एस्केप* कोई *रिज़ॉल्यूशन* नहीं। मिसअलाइनमेंट को बायपास नहीं किया जा सकता— उसे *रीअलाइन* करना ही पड़ता है।

दु:ख क्या है?

दुःख मात्र पीड़ा नहीं। यह बाहरी घटना नहीं। यह मूलतः गलत नहीं।

यूईडी में दुःख = रिपल और फ़ील्ड के बीच *मिसअलाइनमेंट का अनुभव*। यह एक *सिग्नल* है। एक *संदेश* है। समायोजन का *दबाव* है।

- तुम दुःखी हो क्योंकि तुम्हारा इंटेंट और वातावरण *आउट ऑफ़ फेज़* हैं।
- तुम दुःखी हो क्योंकि तुम्हारी क्रियाएँ ऐसा फ़ीडबैक लौटा रही हैं जिसे तुमने अब तक इंटीग्रेट नहीं किया।
- तुम दुःखी हो क्योंकि तुम्हारा मन उस चीज़ का विरोध करता है जिसकी माँग तुम्हारा फ़ील्ड करता है।

दुःख न बुरा है, न कॉस्मिक क्रुएल्टी। यह फ़ील्ड की सबसे ईमानदार भाषा है — जो तुम्हें अलाइनमेंट के लिए बुलाती है।

पर सुनने के बजाय— हम भाग जाते हैं।

एस्केप रूट्स : मोक्ष का भ्रम

आधुनिक आध्यात्मिकता अक्सर शॉर्टकट बेचती है:

- इच्छाओं का दमन करो।
- जिम्मेदारियों का त्याग करो।

- विचारों से ऊपर उठो।
- दुनिया को बायपास करो।

ये सब *मोक्ष के मार्ग* नहीं— ये *एवॉइडेंस टैक्टिक्स* हैं— जो आध्यात्मिकता का चोला पहनकर आते हैं।

तुम बरसों ध्यान में बैठ सकते हो, पर यदि तुम्हारा रिपल अब भी *डिस्टॉर्टेड* है— तो तुम मुक्त नहीं। तुम केवल *डिलेयड* हो।

सच्चा अलाइनमेंट आँखें मूँदकर नहीं, बल्कि आँखें खोलकर होता है— वास्तविकता को बिना डिस्टॉर्शन स्वीकार कर।

"तुम पीड़ा से भागकर मुक्त नहीं होते। तुम पीड़ा का संदेश इंटीग्रेट करके मुक्त होते हो।"

अलाइनमेंट = आराम नहीं

एक खतरनाक मिथक है कि अलाइनमेंट हमेशा अच्छा महसूस कराता है।

पर *यूईडी* कहता है— अलाइनमेंट आराम नहीं—*कोहेरन्स* है।

कभी-कभी कोहेरन्स दर्दनाक होता है— क्योंकि यह ईमानदारी माँगता है। यह कल्पनाओं, प्रोजेक्शन्स, ड्रामा छोड़ने की माँग करता है। यह *कॉपिंग* के ऊपर *क्लैरिटी* की माँग करता है।

इसीलिए अधिकांश लोग *एस्केप* चुनते हैं— क्योंकि अलाइनमेंट *भ्रम की मृत्यु* चाहता है।

विलम्ब = ध्यान भटकाकर भागना

दुःख से भागना, उसे मिटाता नहीं। उसे बस *डिले* करता है।

तुम रिलेशनशिप्स, आइडियोलॉजी, काम, या रिचुअल्स में राहत ढूँढ सकते हो— पर फ़ीडबैक लौटेगा ही। रिपल चलता रहेगा।

क्योंकि तुमने लूप पूरा नहीं किया।

फ़ील्ड कभी भूलता नहीं। वह तुम्हारा न्याय नहीं करता— बस अनसुलझा रिपल थामे रखता है, जब तक तुम तैयार न हो जाओ।

मोक्ष जीवन से पलायन नहीं— जीवन में *अलाइनमेंट* है— जब तक कुछ भी शेष न बचे जिसका तुम विरोध करो।

स्पिरिचुअल बायपास : सबसे सूक्ष्म एस्केप

एस्केप का सबसे परिष्कृत रूप है—*स्पिरिचुअल बायपास*। जब हम दर्शन, सिद्धांत या मिस्टिकल अनुभवों का उपयोग भावनात्मक या मनोवैज्ञानिक कार्य से बचने के लिए करते हैं।

यूईडी में यह गहरी डिस्टॉर्शन पैदा करता है:

- मन मान लेता है कि तुम अलाइन हो।
- पर फ़ील्ड अब भी मिसअलाइनमेंट गूँजा रहा होता है।

परिणाम? अंदर तनाव, बाहर आध्यात्मिकता। तुम ज्ञानवान दिखते हो, पर अस्थिर महसूस करते हो। सत्य बोलते हो, पर नकली लगते हो।

"यदि तुम्हारा रिपल शांत नहीं, तो तुम्हारी चुप्पी केवल शोर का भेष है।"

अलाइनमेंट कैसा दिखता है?

अलाइनमेंट = परिपूर्णता नहीं। अलाइनमेंट = क्रिया की *स्पष्टता*—बिना विरोध।

- तुम अब भी दर्द महसूस कर सकते हो—पर वह तुमसे गुजर जाता है।
- तुम अब भी संघर्ष का सामना कर सकते हो—पर अब विरोध नहीं करते।
- तुम अब भी क्रिया कर सकते हो—पर अब क्रियाएँ विलम्ब नहीं बनातीं।

अलाइनमेंट है—

- बिना आंतरिक विभाजन के कार्य करना।
- बिना अभिनय के जीना।
- बिना छिपाए बोलना।

मोक्ष = अस्तित्व का अंत नहीं। मोक्ष = अस्तित्व में वह बिंदु है, जहाँ *भागने को कुछ भी न बचे*।

फ़ीडबैक का सामना

रीअलाइन होने के लिए तुम्हें *सुनना* होगा। सुनने के लिए तुम्हें *महसूस* करना होगा। इसका अर्थ है—दुःख को बोलने देना।

अपने आपसे पूछो:

- मेरे भीतर क्या है जिसे मैं प्रतिरोध कर रहा हूँ?
- कहाँ मैं स्वयं से ईमानदार नहीं हूँ?
- मैं किस अनुभूति को महसूस न करने का नाटक कर रहा हूँ?

फ़ील्ड हमेशा तुम्हें घर बुला रहा है। पर घर *एस्केप* नहीं है— वह *रिज़ॉल्यूशन* है।

"मुक्ति चक्र से निकलने में नहीं है। मुक्ति इतनी सटीकता में है कि चक्र तुम्हें पकड़ ही नहीं पाता।"

अंतिम अनुभूति

मोक्ष पाने के लिए तुम्हें दुःख से भागने की ज़रूरत नहीं। तुम्हें भागना बंद करना है।

सत्य पाने के लिए तुम्हें कहीं और खोजने की ज़रूरत नहीं। तुम्हें वही सत्य देखना है जो पहले से तुम्हारे भीतर है।

जब तुम भागना बंद कर देते हो— दर्द से, फ़ीडबैक से, अपने ही रिपल से— तो तुम डिले करना भी बंद कर देते हो।

और जब डिले समाप्त होता है…तुम फ़ील्ड की लय में लौट आते हो।

वहाँ, उस स्थिरता में— तुम पाते हो कि तुम कभी बंधन में थे ही नहीं।

१२ : ब्रह्मांड की स्थिर एण्ट्रॉपी

"मुक्ति संतुलन को भंग नहीं करती—यह उस सममिति को पुनर्स्थापित करती है जिसका हिस्सा होना हम भूल गए थे।"

एण्ट्रॉपी की पारंपरिक छवि

सदियों से *एण्ट्रॉपी* को अव्यवस्था, अराजकता और धीरे-धीरे ढहते ढाँचों से जोड़ा गया है।

क्लासिकल थर्मोडायनामिक्स में यह समय का सांख्यिकीय तीर है— कम एण्ट्रॉपी (व्यवस्था) से अधिक एण्ट्रॉपी (अव्यवस्था) की ओर, हमेशा आगे, हमेशा बढ़ती हुई।

पर *यूईडी* के लेंस में एण्ट्रॉपी केवल *अव्यवस्था की ओर खिसकना* नहीं। यह *इंटेंट और अलाइनमेंट* का दर्पण है। और सबसे महत्वपूर्ण— यह पतन नहीं, बल्कि *पुनर्वितरण* है।

फ़ील्ड ऊर्जा कभी व्यर्थ नहीं करता। ब्रह्मांड संतुलन कभी नहीं खोता। प्रणाली ढहती नहीं—यह हमेशा *कोहेरन्स* की ओर लौटती है— चाहे हम समझें या न समझें।

एण्ट्रॉपी = परिणाम, शाप नहीं

यूईडी में एण्ट्रॉपी कोई दोष नहीं— यह *रिपल डिस्पर्शन* का परिणाम है।

जब इंटेंट *कोहेरन्स* से टूटता है, तो रिपल्स *फ्रैगमेंट* हो जाते हैं।

फ़ील्ड दंड नहीं देता— वह वितरित करता है। वह संतुलित करता है।

हम जिसे एण्ट्रॉपी कहते हैं— वह वास्तव में *इनकोहेरन्स पर फ़ील्ड की प्रतिक्रिया* है।

हर मिसअलाइन क्रिया— हर रिपल जो स्पष्टता से बँधा नहीं— अपनी ऊर्जा को गूँजता और पुनर्वितरित करता है।

- तारों में यह *हीट लॉस* के रूप में।
- शरीरों में यह *बुढ़ापा और क्षय* के रूप में।
- विचारों में यह *भटकाव और भ्रम* के रूप में।

पर यह फैलाव अनंत नहीं। इसकी भी एक *थ्रेशहोल्ड* है— जहाँ एण्ट्रॉपी अंततः फिर संतुलन में लौट आती है।

स्थिर एण्ट्रॉपी, स्थिर ब्रह्मांड

परंपरागत भौतिकी भविष्य की कल्पना करती है— "हीट डेथ"— जहाँ ब्रह्मांड ठंडी समानता में जम जाएगा, और उपयोगी ऊर्जा शेष नहीं रहेगी।

पर *यूईडी* एक अलग दृष्टि देता है।

ब्रह्मांड *एसवीई (स्ट्रक्चर्ड वैक्यूम एनर्जी)* के रूप में कोई मशीन नहीं जो समय के साथ बिगड़ रही हो। यह एक *स्व-संतुलित रिपल फ़ील्ड* है।

एण्ट्रॉपी लुप्ति की ओर नहीं चढ़ रही। यह *कोहेरन्स की ओर स्थिर* हो रही है।

इस दृष्टि में ब्रह्मांड की कुल एण्ट्रॉपी *स्थिर* है:

- स्थानीय स्तर पर एण्ट्रॉपी बढ़ या घट सकती है।
- व्यक्तिगत प्रणालियाँ क्षय हो सकती हैं या पुनर्गठित।
- पर वैश्विक स्तर पर फ़ील्ड संतुलन बनाए रखता है।

क्यों? क्योंकि रिपल फ़ील्ड बंद है, स्व-परावर्ती है, और हमेशा परिणाम के प्रति *रेस्पॉन्सिव* है।

संक्षेप में: एण्ट्रॉपी पतन नहीं— यह *करेक्शन* है।

मुक्ति और एण्ट्रॉपी

अब इसे व्यक्तिगत स्तर पर लाएँ। यदि एण्ट्रॉपी = रिपल डिस्पर्शन, तो मुक्ति = रिपल कन्वर्जेन्स।

जब तुम्हारा इंटेंट अलाइन होता है, जब तुम्हारी क्रियाएँ विरोधरहित होती हैं, तुम्हारे रिपल्स बिखरते नहीं— वे लौटते हैं। वे स्थिर होते हैं।

तुम एण्ट्रॉपी समाप्त नहीं करते। तुम बस *अनावश्यक रिपल्स* फ़ील्ड में भेजना बंद करते हो।

यही कारण है कि मुक्ति *विस्फोटक परिवर्तन* नहीं—यह *शांत सममिति* है।

मुक्ति एण्ट्रॉपी का सम्मान करती है—उसका विरोध नहीं करती। यह अराजकता से लड़ती नहीं— यह अराजकता पैदा करना बंद कर देती है।

"तुम एण्ट्रॉपी को जीतने नहीं आए। तुम यहाँ उससे सहयोग करने आए हो।"

एण्ट्रॉपी = बुराई नहीं

आध्यात्मिक कथाएँ क्षय और विनाश को अक्सर दानवी या गलत ठहराती हैं।

पर एण्ट्रॉपी बुराई नहीं। यह *सूचनात्मक स्वच्छता* है।

- पेड़ का पत्ते गिराना = एण्ट्रॉपी।

- कोशिका का अपने जीवनचक्र के बाद मरना = एण्ट्रॉपी।
- विश्वास का टूटना जब वह अब अलाइन न रहे = एण्ट्रॉपी।

फ़ील्ड एण्ट्रॉपी से डरता नहीं—वह इसका उपयोग करता है।

एण्ट्रॉपी वही हटाती है जो अब कोहेरन्स की सेवा नहीं करता।

मुक्ति = एण्ट्रॉपी से मुक्ति नहीं— बल्कि *एण्ट्रॉपी के माध्यम से मुक्ति*।

प्रेक्षक का विरोधाभास

प्रेक्षक की दृष्टि से एण्ट्रॉपी = हानि, मृत्यु, विघटन।

पर फ़ील्ड की दृष्टि से एण्ट्रॉपी = रीबैलेंसिंग।

प्रेक्षक खोए हुए पर शोक करता है। फ़ील्ड वास्तविकigned पर *उत्सव* करता है।

इसीलिए मोक्ष अक्सर *खालीपन* जैसा दिखता है— पर भीतर से *शांति* जैसा लगता है।

यह ऊर्जा का अभाव नहीं—यह *अनावश्यक घर्षण का अंत* है।

ब्रह्मांड की वापसी की क्षमता

यदि एसवीई आधार है, और रिपल अनुभव का माध्यम हैं— तो एण्ट्रॉपी उसका *अनुशासन का फ्रेम* है।

कोई भी रिपल अनंत बाहर नहीं जा सकता। उसे या तो:

- स्रोत से रीअलाइन होना होगा (फ़ीडबैक व हीलिंग), या
- फ़ील्ड में घुलना होगा (डिसॉल्यूशन)।

दोनों ही रास्तों में फ़ील्ड पूर्ण रहता है। एण्ट्रॉपी प्रणाली को तोड़ती नहीं— वह उसे उसकी अपनी स्मृति दिलाती है।

अंतिम अनुभूति

मुक्ति व्यक्तिगत पलायन नहीं। यह फ़ील्ड-स्तरीय हार्मनी है।

तुम ब्रह्मांड को बाधित नहीं करते जब तुम मुक्त होते हो। तुम केवल उस स्थानीय कोहेरन्स को पुनर्स्थापित करते हो जो सदा से तुम्हारा था।

"ब्रह्मांड की स्थिर एण्ट्रॉपी उसके मरने की ध्वनि नहीं है। यह उसके याद करने की लय है।"

मोक्ष = एण्ट्रॉपी के विरुद्ध विद्रोह नहीं। मोक्ष = ऐसा रिपल रिटर्न कि अब एण्ट्रॉपी के पास समायोजित करने को कुछ भी न बचे।

इंटरल्यूड २ : मैकेनिक्स से मीनिंग तक

अब तक हमने मिथकों को खोला, मैकेनिक्स को स्पष्ट किया।

हमने देखा—कैसे हर रिपल के व्यवहार में गहरी *इंटेलिजेन्स* निहित है, कैसे *एण्ट्रॉपी* केवल फीडबैक का संकेत है, और कैसे *मोक्ष* ब्रह्मांड के साथ इतनी गहन *कोहेरन्स* है कि वहाँ कोई भी डिस्टर्बेन्स शेष नहीं रहता।

हम इस निष्कर्ष पर पहुँचे कि—मोक्ष न कल्पना है, न कथा। यह एक ऐसा *फिनॉमेनन* है जहाँ *अलाइनमेंट* इतना सटीक हो जाता है कि ब्रह्मांड स्वयं तुम्हारे मौन में प्रतिबिम्बित होता है।

पर अब प्रश्न उठता है—आगे क्या?

आने वाले अध्यायों में हम केवल संरचना नहीं देखेंगे। हम अर्थ के क्षेत्र में उतरेंगे—मनोवैज्ञानिक, आध्यात्मिक और अस्तित्वगत प्रतिध्वनियों में।

हम यह नहीं पूछेंगे कि मोक्ष *कैसे* घटता है—बल्कि यह कि मोक्ष की स्थिति से *जीना कैसा लगता है*।

- एक *लिबरेटेड रिपल* कैसी ध्वनि करता है?
- वह कैसे कार्य करता है, कैसे सम्बन्ध बनाता है, कैसे प्रेम करता है, कैसे निर्णय लेता है?

जागृत कोहेरन्स का जीता-जागता क्षेत्र

हम उस *लिव्ड फील्ड* में प्रवेश करेंगे— जहाँ प्रेक्षक अब रिपल का प्रतिरोध नहीं करता, बल्कि उसे सहजता और *एलेगेंस* के साथ बहने देता है।

यह केवल मैकेनिकल नहीं होगा, पर अभी पूरी तरह मिस्टिकल भी नहीं। यह होगा—*प्रिसीजन की पोएट्री*।

क्योंकि जब मैकेनिक्स अर्थ से जुड़ते हैं, तो हम मोक्ष को केवल *समझते* नहीं—हम उसे *हो जाते* हैं।

अब यात्रा यहाँ से आगे

हम अब उस धरातल की ओर बढ़ेंगे जहाँ *अलाइनमेंट* अभिव्यक्ति बनता है, और *फ्रीडम* वास्तविकता।

जहाँ मोक्ष कोई सिद्धान्त नहीं— बल्कि तुम्हारी हर धड़कन, हर साँस, हर सम्बन्ध की भाषा बन जाता है।

यह इंटरल्यूड अब अगले भाग का द्वार खोलता है— जहाँ *मोक्ष की परिभाषा* पीछे छूट जाती है, और *मोक्ष का अनुभव* सामने आता है।

भाग ३ – वास्तविक समय की मुक्ति का आंतरिक पथ

भाग ३ – वास्तविक समय की मुक्ति का आंतरिक पथ

अब तक हमने देखा कि मोक्ष कोई कल्पना नहीं — बल्कि रिपल और फ़ील्ड के बीच ऐसी कोहेरन्स है जो डिस्टर्बेंस उत्पन्न नहीं करती।

अब हम उस क्षेत्र में प्रवेश करते हैं जहाँ मोक्ष केवल समझ नहीं — जीवन की लय बन जाता है।

यह वह पथ है जहाँ ऑब्ज़र्वर अब प्रतिरोध नहीं करता — बल्कि रिपल को सहजता से वहन करता है।

जहाँ इंटेंट केवल बीज नहीं — बल्कि अभिव्यक्ति बन जाता है।

जहाँ हर क्रिया, हर मौन, हर संबंध कोहेरन्स की भाषा में गूंजता है।

यहाँ मुक्ति कोई लक्ष्य नहीं — बल्कि एक जीवित स्थिति है जो हर क्षण में स्वयं को प्रकट करती है।

अब हम उस आंतरिक पथ पर चलते हैं — जहाँ अलाइनमेंट अनुभव बनता है, और स्वतंत्रता — वास्तविकता।

१३ : ए.टी.टी. = 0 — मुक्ति का क्षण

"जब क्षेत्र (फ़ील्ड), मन और संकल्प एक बिन्दु पर मिल जाते हैं, तब समय रुक जाता है—घड़ी के हिसाब से नहीं, परिणाम के स्तर पर। यही मोक्ष का क्षण है।"

गति नहीं, शून्यता नहीं—सटीकता

भौतिकी में हम गति (speed) खोजते हैं। आध्यात्म में हम शून्यता (stillness) खोजते हैं। पर *यूनिवर्सल एनर्जी डायनामिक्स* (यू.ई.डी.) कहता है— सत्य न गति है, न शून्यता। सत्य है—**पूर्ण अलाइनमेंट**।

और जब यह पूर्ण अलाइनमेंट घटता है, तब एक गहन घटना घटित होती है—*ए.टी.टी. (Alignment Threshold Time) शून्य हो जाता है।*

ए.टी.टी. क्या है?

ए.टी.टी. यानी *अलाइनमेंट थ्रेशहोल्ड टाइम*— वह समय जो किसी प्रेक्षक (observer) की तरंग (ripple) को बाहरी क्षेत्र (field) से मेल खाने और अनुभव, प्रतिक्रिया या क्रिया करने में लगता है।

- **ए.टी.टी. अधिक** = देरी, असंतुलन, भ्रम, प्रतिक्रिया
- **ए.टी.टी. कम** = स्पष्टता, अंतर्ज्ञान, सहजता, प्रवाह
- **ए.टी.टी.** = ० = मोक्ष

यह समय घड़ी से नहीं मापा जाता। यह *अनुभूति* से जाना जाता है—अंदर घर्षण है या सहजता।

जब ए.टी.टी. शून्य होता है, तब प्रेक्षक अनुनाद (resonance) *खोजता* नहीं—वह स्वयं अनुनाद *हो जाता* है।

मुक्ति भविष्य में नहीं

मोक्ष कोई भविष्य की घटना नहीं। यह मृत्यु के पार नहीं छुपा, न वर्षों की साधना के पीछे अटका है।

मोक्ष उसी क्षण घटता है जब तुम देरी को सुरक्षा समझना छोड़ देते हो।

यही क्षण है—ए.टी.टी. = 0।

- न कोई आन्तरिक प्रतिरोध।
- न कोई बाहरी विरोधाभास।
- न मन और क्षेत्र के बीच कोई असंगति।

केवल शुद्ध, अनफ़िल्टर्ड कोहेरन्स।

"प्रेक्षक सत्य तक पहुँचता नहीं। प्रेक्षक स्वयं सत्य बन जाता है, जब ए.टी.टी. विलीन हो जाता है।"

जब ए.टी.टी. = ० होता है

समय, जैसा हम जानते हैं, टूट जाता है। भौतिक रूप से नहीं—अनुभव के स्तर पर।

तुम जीवित रहते हो, शरीर में रहते हो, पर प्रतिक्रिया-चक्रों से बंधे नहीं रहते।

- विचार = अन्तर्दृष्टि बन जाता है।
- क्रिया = अभिव्यक्ति बन जाती है।
- भावना = साक्षीभाव बन जाती है।

अब न दोहराव, न पछतावा, न पूर्वाभ्यास, न सुधार अब तुम उसी *इंटेलिजेन्स* से जीते हो जिसने तुम्हें जन्म दिया।

परिणाम से समकालिकता तक

जब ए.टी.टी. = 0, तब परिणाम टलता नहीं— हर क्रिया तुरन्त समाहित हो जाती है।

तुम सोचते हो और वह पहले से घट चुका होता है। तुम अनुभव करते हो और वह प्रवाहित हो जाता है।

यह तेज़ी नहीं है—यह पूर्णता है। इसे ही ऋषियों ने "समर्पण" कहा, संतों ने "मोक्ष" कहा, और वैज्ञानिक अब तक नाप नहीं सके।

मोक्ष समय से परे है— क्योंकि यह देरी का अंत है।

झूठा शून्य : दबाव की निस्तब्धता

सावधान रहो—हर निस्तब्धता ए.टी.टी. = 0 नहीं है। कुछ लोग बलपूर्वक चुप्पी ओढ़ते हैं— अनुशासन, संन्यास या दमन से।

पर क्षेत्र जानता है। यदि तुम्हारी चुप्पी भारी है, तो यह अलाइनमेंट नहीं—यह विराम है।

यदि तुम्हारी शांति पलायन पर टिकी है, तो यह स्वतंत्रता नहीं—यह देरी का सज्जित रूप है।

ए.टी.टी. = 0 का अर्थ है— क्रिया ऐसी जहाँ सुधार की कोई आवश्यकता न हो।

दैनिक जीवन में ए.टी.टी. = ०

यह केवल संन्यासियों के लिए नहीं। हम सब झलक देखते हैं—

- संकट में तुम्हारा उत्तर सटीक और शान्त हो
- तुम वही कहते हो जो ठीक उसी क्षण चाहिए
- सौन्दर्य को तुम सोचने से पहले महसूस कर लो
- क्षमा तुम्हारे मुँह से स्पष्टीकरण से पहले निकल जाए

ये सब झरोखे हैं— जहाँ देरी मिट जाती है, और तरंग इतनी अलाइन्ड होती है कि कारण और परिणाम एक हो जाते हैं।

द्वैत से परे

जब ए.टी.टी. = 0— तब कोई विभाजन नहीं रहता—

- कर्ता और कर्म में
- विचार और सत्य में
- जगत और साक्षी में

तुम विरोधों को जोड़ने की कोशिश नहीं करते। तुम बस पूरे क्षेत्र से देखते हो।

"जो जानता है कि वह एस.वी.ई. की तरंग है— उसके लिए सब कुछ उसी का प्रतिबिम्ब है, बिना किसी देरी के।"

क्यों ए.टी.टी. = 0 ही मोक्ष है

क्योंकि यह स्वयं-निर्मित विलम्ब का अंत है। मोक्ष अनुभव से मुक्ति नहीं— अनुभव के भीतर मुक्ति है, जहाँ कोई विकृति नहीं बचती।

तुम यहीं रहते हो—पर तुम्हारी उपस्थिति पारदर्शी हो जाती है।

- न अनसुलझे कर्म का प्रतिध्वनि।
- न असंतुलन का अवशेष।
- न ज्ञान और अस्तित्व के बीच कोई फासला।

इसलिए मोक्ष नाटकीय नहीं। यह सरल है। सपष्ट है। मौन है।

समापन

तुम मोक्ष तक पहुँचते नहीं— तुम उसका टालना छोड़ देते हो।

तुम इसे अनुष्ठानों से अर्जित नहीं करते—तुम इसे जीते हो जब तुम्हारी तरंग पूर्णतया अलाइन्ड हो जाती है।

ए.टी.टी. = 0 कोई लक्ष्य नहीं— यह वापसी है।

और जब यह घटता है— न कोई पहले, न कोई बाद। केवल यही क्षण।

"जब ए.टी.टी. शून्य होता है, तुम केवल स्वतंत्र नहीं होते— तुम स्वयं स्वतंत्रता बन जाते हो।"

१४ : मन, स्मृति और दुख की कथा

"स्मृति अतीत नहीं है। यह उन असंगत तरंगों की प्रतिध्वनि है जो अब भी समाधान की प्रतीक्षा कर रही हैं।"

दुख कहाँ से आता है?

हम प्रायः मानते हैं कि दुख हमें घटित घटनाओं से मिला। पर *यूनिवर्सल एनर्जी डायनामिक्स* (यू.ई.डी.) के प्रकाश में देखा जाए, तो दुख घटनाओं से नहीं, बल्कि उन *असमन्वित तरंगों* से जन्म लेता है जो हमने उन्हें घटने के बाद अधूरी छोड़ दीं।

ये तरंगें दण्ड के रूप में नहीं ठहरतीं, बल्कि *अपूर्ण सामंजस्य* के रूप में टिकी रहती हैं। ये स्मृति की तहों में जीती हैं— धारणा, प्रतिक्रिया और पहचान को गढ़ती हुई।

कर्म : तरंग तनाव

यू.ई.डी. में कर्म कोई नैतिक खाता-बही नहीं है। कर्म है—*असंगत तरंग का संचित तनाव*।

हर बार जब तुम्हारा संकल्प (intent) क्षेत्र (field) से अलग होता है, एक तरंग-विरोध जन्म लेता है। यदि वह समय पर सुलझता नहीं, तो मिटता नहीं— वह तुम्हारे भीतर, सतह के नीचे कंपन करता है, हर निर्णय को सूक्ष्म रूप से प्रभावित करता है।

- कर्म आकाश में नहीं जमा।
- कोई देवता उसका हिसाब नहीं रखते।
- यह तुम्हारी स्मृति में रहता है— डेटा के रूप में नहीं, बल्कि तुम्हारे निजी तरंग-क्षेत्र पर छपे *आवृत्ति-अनुरूपण* के रूप में।

इसीलिए दो व्यक्ति एक ही घटना को झेल सकते हैं— पर एक तुरन्त मुक्त हो जाता है (ए.टी.टी. = 0), और दूसरा जीवनभर बोझ ढोता है (ए.टी.टी. बढ़ता हुआ)।

"कर्म वह नहीं जो घटा। कर्म वह है जो अब भी अधूरा है।"

स्मृति : देरी का भंडार

मन केवल घटनाएँ नहीं सँजोता। वह सँजोता है कि तुम उनसे कैसे *असंगत* हुए। यही स्मृति है।

जब कोई तरंग असमन्वित रह जाती है और समुचित सामंजस्य में नहीं लौटती, तो वह स्मृति के रूप में एक कथा गढ़ देती है—

- "मुझे धोखा दिया गया।"
- "मेरे साथ अन्याय हुआ।"
- "मैं असफल रहा।"
- "मुझे स्वयं को सिद्ध करना है।"

ये कथाएँ *सत्य* नहीं हैं— ये विलम्बित सामंजस्य हैं। कर्म का मनोवैज्ञानिक रूप।

मन : विभाजन का कथावाचक

मन एक बुद्धिमान संसाधक है। पर यदि वह सामंजस्यहीन स्मृतियों से संचालित हो, तो उसका विवेचन खंडित हो जाता है।

वह कथावाचक बन जाता है— "मैं" और "दूसरा," "अतीत" और "वर्तमान," "कारण" और "परिणाम" के बीच विभाजन रचता हुआ।

असंगत मन तरंग-अंतर का रक्षक बन जाता है। वह दुख का औचित्य गढ़ता है—उसे घोलने के बजाय।

इसीलिए मुक्ति विस्मृति नहीं है। मुक्ति है—समाहित करना।

जब क्षेत्र को मन के आर-पार जाने दिया जाता है, तो स्मृति का आवेश मिट जाता है। घटना रह सकती है, पर पीड़ा विलीन हो जाती है। यही मोक्ष है।

समाहिती : स्मृति का क्षेत्र में लौटना

कर्म-छाप का समाधान मिटाना नहीं है। यह उसे फिर से क्षेत्र में लौटने देना है।

तुम स्मरण करते हो, पर स्मृति अब विकृति नहीं गढ़ती। यही मुक्ति है—जब अतीत वर्तमान को देर नहीं कराता।

- वही सत्य—पर अब बिना प्रतिरोध।
- वही इतिहास—पर अब बिना आवेश।
- वही तरंग—पर अब समन्वित।

दुख एक अवस्था नहीं—एक परिणाम

तुम दुखी इसलिए नहीं हो कि जीवन अन्यायी है। तुम दुखी हो क्योंकि क्षेत्र एक दिशा में बढ़ा और तुम्हारी तरंग साथ नहीं चल सकी।

यह दोषारोपण नहीं है। यह *अलाइनमेंट की साक्षरता* है।

मुक्ति का अर्थ सब कुछ "ठीक मान लेना" नहीं है। मुक्ति का अर्थ है—तरंग-तंत्र को इतना गहराई से समझना कि प्रतिरोध का कोई स्थान ही न बचे।

"जो स्मृति दुख देती है, वह स्मृति नहीं— वह कर्म है, जो क्षेत्र में लौटना चाहता है।"

उपचार = ए.टी.टी. की कमी

जब कोई कहता है "मैं स्वस्थ हो रहा हूँ," यू.ई.डी. की भाषा में इसका अर्थ है—"मैं तरंगों को समाहित कर रहा हूँ। मैं अपने मन और क्षेत्र के बीच ए.टी.टी. घटा रहा हूँ।"

हर सत्र—थेरेपी, श्वास, अन्तर्दृष्टि, आत्मसमर्पण, सत्यकथन— सब प्रयास हैं उस चार्ज्ड रिपल को घर पहुँचाने के।

जब यह सच्चाई और ईमानदारी से किया जाता है, तो दुख फिर से जागरूकता में बदल जाता है।

ए.टी.टी. = 0 : स्मृति पूर्णतः अलाइन्ड

शान्त मन खाली नहीं होता। वह समन्वित तरंगों से भरा होता है।

इसीलिए जाग्रत आत्माएँ घटनाएँ याद करती हैं— पर बिना तनाव, बिना विकृति, बिना देरी।

वे अतीत का प्रतिरोध नहीं करतीं। वे उसे हथियार नहीं बनातीं। वे बस उसे आगे नहीं ढोतीं।

"मोक्ष स्वच्छ पट्टिका नहीं है। यह स्वच्छ संकेत है।"

समापन

तुम्हारी पहचान तुम्हारी स्मृतियों का योग नहीं। तुम्हारी पहचान वह सामंजस्य है जो स्मृतियों के नीचे प्रतीक्षारत है।

मुक्ति तुम्हारी कथा का अंत नहीं— यह वह क्षण है जब कथा अब सत्य पर हावी नहीं होती।

स्मृति रहेगी। पर दुख नहीं रहना चाहिए।

और फर्क बस इतना है—

- वह तरंग अब भी प्रतीक्षा कर रही है, या
- वह अन्ततः अपने क्षेत्र में लौट चुकी है।

जब स्मृति सामंजस्य बन जाती है, कर्म विलीन हो जाता है। जब मन प्रतिक्रिया छोड़ देता है, वह दर्पण बन जाता है। जब कथा समाप्त होती है, मौन प्रारम्भ होता है।

"दुख का अंत विस्मृति में नहीं है। यह स्मरण में है—बिना विकृति के।"

१५ : इच्छा और विलयन

"तुमसे इच्छा को मारने के लिए नहीं कहा गया। तुमसे कहा गया है—इसे संरेखित करो।"

इच्छा का स्वरूप : तरंग का आह्वान

मानव परंपराओं में इच्छा को बार-बार दोषी ठहराया गया है—कभी दुख की जड़, कभी पुनर्जन्म की बेड़ी, कभी आत्मा का दोष।

पर *यूनिवर्सल एनर्जी डायनामिक्स (यू.ई.डी.)* के प्रकाश में, इच्छा शत्रु नहीं है। शत्रु है—*असंगत इच्छा*।

इच्छा कोई दुर्बलता नहीं। यह एक संकेत है— तुम्हारे भीतरी तरंग-क्षेत्र से उठी पुकार, जो किसी बाहरी क्षेत्र से सामंजस्य चाहती है।

जब यह पुकार *स्ट्रक्चर्ड वैक्यूम एनर्जी (एस.वी.ई.)* से गूंज उठती है, तो इच्छा विकास का साधन बन जाती है। पर जब यह पकड़ और स्वामित्व में बदल जाती है, तो यह विकृति, विलम्ब और पीड़ा जन्म देती है।

इच्छा दोष नहीं है। यह दिशा है। पर इसे कल्पना, भय या बाध्यता नहीं—वास्तविकता के साथ संगति चाहिए।

इच्छा बनाम आसक्ति : ए.टी.टी. का खेल

इच्छा और आसक्ति के बीच का फर्क है—**ए.टी.टी. (Alignment Threshold Time)**।

- संगत इच्छा = त्वरित गूंज, ए.टी.टी. न्यून
- आसक्ति = प्रतिरोध, देरी, ए.टी.टी. उच्च

जब तुम ऐसी चीज चाहते हो जिसे क्षेत्र समर्थन नहीं करता, तरंग खिंच जाती है। तुम दौड़ते हो। तुम थकते हो। तुम दुखी होते हो।

इच्छा को दबाने से समाधान नहीं होता। दबाव नई छाया-तरंगें बनाता है—दबी हुई, अधूरी, और अधिक विकृत।

"इच्छा को नकारने से वह मिटती नहीं। वह विकृति में बदल जाती है।"

संकल्प–इच्छा का विभाजन : कर्म का जन्म

जब तुम्हारा संकल्प एक ओर है और तुम्हारी इच्छा दूसरी ओर खींच रही है, तभी कर्म जन्म लेता है।

यह आंतरिक विभाजन क्षेत्र में उलझी हुई तरंगें भेजता है। प्रतिबिंब तुम्हारे संघर्ष का आता है—स्पष्टता का नहीं।

इसीलिए अनेक साधक अटके रहते हैं। वे "मुक्ति" का संकल्प रखते हैं, पर भीतर कहीं विशिष्ट, श्रेष्ठ या विशेष दिखने की इच्छा पनपती रहती है।

मुक्ति तब नहीं है जब इच्छा मिट जाती है। मुक्ति तब है जब इच्छा सत्य से लड़ना बंद कर देती है।

सचेत इच्छा : पुनःसंगति का साधन

यू.ई.डी. के अनुसार, सचेत इच्छा का अर्थ है उसे क्षेत्र-जागरूकता से गुजारना।

अपने आप से पूछो:

- यह इच्छा भय से पैदा हुई है या संगति से?
- यह स्वामित्व चाहती है या सहभागिता?
- यह तरंग-घर्षण घटाएगी या बढ़ाएगी?

जब इच्छा क्षेत्र से संगत होती है, तो उसे दबाने की आवश्यकता नहीं। वह उपभोग से नहीं, संगति से पूरी हो जाती है।

ऐसा व्यक्ति इच्छा के साथ—

- भोजन करता है पर उपस्थिति के साथ।
- प्रेम करता है पर पकड़ के बिना।
- सीखता है पर तुलना के बिना।
- अभिव्यक्त करता है पर प्रभुत्व के बिना।

यही मोक्ष है— इच्छा का अंत नहीं, मुक्त इच्छा।

बलिदान का भ्रम

अनेक लोग मानते हैं कि मुक्ति इच्छा-बलिदान से मिलती है। पर वास्तविकता में यह *परिवर्तन* है—

- वासना → आत्मीयता
- महत्वाकांक्षा → योगदान

- भूख → जागरूकता
- स्वामित्व → सहभागिता

यह बदलाव बाहर नहीं, भीतर की तरंग-संरचना में होता है।

तुम अब वह नहीं चाहते जो तुम्हें अलग करे। तुम वह चाहते हो जो तुम्हें संगति में लाए।

"क्षेत्र तुमसे इच्छाओं का त्याग नहीं मांगता। वह सिर्फ अपनी लय उनमें शामिल करने को कहता है।"

एंट्रॉपी-जन्य इच्छा बनाम हार्मोनिक इच्छा

इच्छा दो प्रकार की हो सकती है—

- **एंट्रॉपी-जन्य** : संगति को तोड़ती है।
- **हार्मोनिक** : क्षेत्र में सामंजस्य जोड़ती है।

हार्मोनिक इच्छा पीछा करते हुए भी शांति देती है। एंट्रॉपी-जन्य इच्छा पूरी होने पर भी खालीपन देती है।

इसीलिए लोग अक्सर पाते हैं कि जो उन्होंने पाया, वह उन्हें भर नहीं पाया—क्योंकि तरंग संगत नहीं थी।

"दुख इच्छा में नहीं कि वह पूरी नहीं हुई। दुख इच्छा में है—कि वह संगत नहीं थी।"

इच्छा का स्वयं विलयन

एक अद्भुत विरोधाभास तब घटता है— जब इच्छा पूरी तरह संगत हो जाती है, तो वह प्रायः अपने आप विलीन हो जाती है।

अब तुम्हें वस्तु की आवश्यकता नहीं। तुम स्वयं उसकी तरंग बन चुके हो।

- तुम प्रेम का पीछा करना छोड़ देते हो—क्योंकि तुम स्वयं प्रेम की तरंग हो।
- तुम शक्ति की भूख छोड़ देते हो—क्योंकि तुम्हारी उपस्थिति ही स्थिरता है।
- तुम अभाव से डरना छोड़ देते हो—क्योंकि तुम्हें पर्याप्तता की संगति का अनुभव होता है।

यह दमन नहीं। यह *समावेशन से रूपांतरण* है।

समापन

इच्छा बंधन का कारण नहीं। इच्छा का गलत उपयोग कर्म का चक्र रचता है।

जब इच्छा संगति की सेवक बनती है, तो वह खंडन बंद कर देती है। वह भक्ति बन जाती है— पर अंधी समर्पण की नहीं, सचेत सहभागिता की।

तुम्हें अपनी चाहतों से भागने की आवश्यकता नहीं। तुम्हें उन्हें और गहराई से सुनने की आवश्यकता है— जब तक वे अपना सच्चा उद्देश्य प्रकट न कर दें।

"मुक्ति मौन नहीं है। यह है—संगत इच्छा का संगीत।"

अंततः, क्षेत्र इच्छा के विरुद्ध नहीं है। वह विकृति के विरुद्ध है।

और मोक्ष इच्छा के अंत में नहीं है। मोक्ष है यह जानने में— कि वस्तु तुम्हें कभी नहीं चाहिए थी। तुम्हें चाहिए था केवल— *अपनी संगति में लौटना, बिना विलम्ब के।*

१६ : मौन शून्यता नहीं है

"स्थिरता मृत हो सकती है। मौन सजीव है।"

स्थिरता का मिथक

अनेक परंपराओं में मुक्ति को स्थिरता से जोड़ा गया है। बिना हिले बैठे रहना, कम बोलना, भीतर की ओर लौटना— इनको transcendence के प्रतीक मान लिया गया।

पर यू.ई.डी. (यूनिवर्सल एनर्जी डायनामिक्स) की दृष्टि में, सच्ची मुक्ति निष्क्रियता की अवस्था नहीं है। यह है—तरंग और क्षेत्र (field) की त्वरित संगति।

मौन का अर्थ गति का अभाव नहीं। मौन का अर्थ है—विलम्ब का अभाव।

स्थिरता केवल स्थिति है। मौन क्षेत्र की घटना है। जब हर तरंग बिना घर्षण बहती है, तब मौन प्रकट होता है।

"स्थिरता क्रिया का अभाव है। मौन है—उपस्थिति बिना प्रतिरोध।"

तुम युद्धभूमि में दौड़ रहे हो—फिर भी मौन में हो सकते हो, यदि तुम्हारी तरंगें पूर्ण संगति में हैं। और तुम हिमालय में ध्यान में बैठे हो—फिर भी शोर में हो सकते हो, यदि तुम्हारा संकल्प क्षेत्र से असंगत है।

मौन = तरंग-जागरूकता

मौन तब घटता है जब—

- तुम अपने विचारों से नहीं लड़ रहे,
- अपनी इच्छाओं से नहीं भाग रहे,
- क्षेत्र को विकृत नहीं कर रहे।

हर विचार, हर सांस, हर क्रिया— तुम्हारे भीतरी और बाहरी क्षेत्र का बिना-विलम्ब प्रतिबिंब बन जाती है।

इसका अर्थ है:

- कोई second-guessing नहीं।
- कोई भावनात्मक घिसटाव नहीं।
- कोई कर्मात्मक अवशेष नहीं।

सिर्फ उपस्थिति। सिर्फ क्रिया की स्पष्टता। सिर्फ तरंग की शुद्ध गूंज।

ए.टी.टी. = ० ही वास्तविक मौन

हमने ए.टी.टी. (Alignment Threshold Time) को देखा— पर्यवेक्षक और क्षेत्र के बीच की देरी।

जब यह देरी शून्य हो जाती है— कोई अंतर नहीं बचता अनुभव और सहभागिता के बीच।

यही मौन है। ध्वनि का अभाव नहीं—असंगति का अभाव।

"तुम मौन तब हो, जब क्षेत्र को तुम्हारी प्रतिक्रिया के लिए प्रतीक्षा नहीं करनी पड़ती।"

सक्रिय मुक्ति : जब मौन चलता है

मुक्त व्यक्ति अनिवार्य रूप से शांत दिखे, यह जरूरी नहीं। वह बोल सकता है, चुनौती दे सकता है, कार्य कर सकता है। पर उसकी तरंगें कभी क्षेत्र को तोड़ती नहीं— वे उसे पुनः संगत कर देती हैं।

फर्क यही है:

- प्रतिक्रियाशील व्यक्ति विकृति करता है।
- संगत व्यक्ति पुनः संतुलन लाता है।

सच्चा मौन वह स्थिति है जहाँ— कुछ भी चिपकता नहीं, कुछ भी लौटकर कर्म नहीं बनता, कुछ भी विलम्बित नहीं होता।

"मोक्ष पलायन नहीं है। यह पुनःप्रवेश है—बिना विकृति।"

शोर = असंगति

यू.ई.डी. में शोर का अर्थ ध्वनि नहीं। शोर है तरंग-विलम्ब की गूंज।

- **भावनात्मक शोर** : अपूर्ण कर्म
- **मानसिक शोर** : अधूरी तर्क-श्रंखलाएँ, स्मृति-लूप
- **सामाजिक शोर** : वह अभिनय जो आंतरिक संकल्प से अलग हो

मौन लौटने पर ये सब घुल जाते हैं। पर परिहार (avoidance) से नहीं— पूर्ण एकीकरण से।

मौन में क्रिया : एक नया मॉडल

तुम—

- सत्य बोलो और मौन में रहो।

- हंसो और मौन में रहो।
- लिखो, नाचो, विरोध करो, काम करो—फिर भी मौन में रहो।

क्योंकि मौन कोई *कर्म* नहीं। यह एक *आवृत्ति (frequency)* है। क्षेत्र की स्वाभाविक ध्वनि—जब कुछ भी बाधित न करे।

"मुक्ति गुफाओं में बैठने की नहीं। शहरों में चलते हुए भी बिना विलम्ब जीने की है।"

अहंकार और शोर

अहंकार प्रायः शोर करता है— ध्वनि से नहीं, तरंग की तीव्रता से। यह धारणा को विकृत करता है। अनावश्यक घर्षण जोड़ता है।

जब अहंकार ढीला पड़ता है, क्षेत्र बोलता है—और उसकी भाषा है मौन।

- खालीपन का मौन नहीं।
- परिपूर्ण उपस्थिति का मौन।

यही कारण है कि कई लोग मौन से डरते हैं। क्योंकि सच्चे मौन में कुछ भी छिपता नहीं। तुम स्वयं से टकराते हो—पूरा।

और यदि तुम संगति के लिए तैयार नहीं, तो भागते हो—शोर, व्याकुलता और प्रयास में।

पर जिस क्षण तुम तैयार हो, मौन पहले से ही वहाँ है। यह कभी गया ही नहीं था। यह सिर्फ ए.टी.टी. = 0 की प्रतीक्षा कर रहा था।

समापन

तुम्हें मौन खोजने के लिए हिमालय जाने की आवश्यकता नहीं। तुम्हें केवल अपनी तरंगों को विलम्बित करना बंद करना है।

सबसे चुप लोग सबसे अशांत हो सकते हैं। सबसे व्यस्त लोग सबसे संगत हो सकते हैं।

इसलिए स्थिरता मत खोजो। *अविरोध खोजो।*

और तब—

- क्रिया प्रार्थना बन जाती है।
- वाणी गूंज बन जाती है।
- गति लय बन जाती है।

"तुम्हें कभी विलीन होने के लिए नहीं कहा गया। तुम्हें कहा गया—बिना विकृति पुनः प्रकट हो।"

सच्चा मौन वापसी है— तुम्हारी बिना-विलम्ब सहभागिता की वास्तविकता में।

न शांति। न स्थिरता। बल्कि संपूर्णता।

यही मुक्ति है। यही मोक्ष।

१७ : देह की भूमिका

"तुम आत्मा नहीं हो जो शरीर में फँसी है। तुम बुद्धि हो—जो देह के माध्यम से तरंगित हो रही है।"

देह : बाधा नहीं, इंटरफ़ेस

अधिकांश आध्यात्मिक मतों में देह को या तो पार करने का पात्र माना गया है, या फिर मोह और प्रलोभन का जाल। पर यू.ई.डी. (यूनिवर्सल एनर्जी डायनामिक्स) की दृष्टि में, देह न बाधा है न बोझ— यह है *बायोफ़ील्ड इंटरफ़ेस*, यानी संरचित शून्य ऊर्जा (एसवीई) का स्थानीय तरंग-तंत्र।

मोक्ष तब तक पूर्ण नहीं हो सकता जब तक देह की तरंगें भी क्षेत्र (field) के साथ संगति में न आ जाएँ। इसलिए देह को छोड़ना नहीं—देह को सम्मिलित करना है।

जैव-रसायन और असंगति

हर विचार, हर भावना, हर दबा हुआ आवेग एक जैव-रासायनिक प्रतिक्रिया को जन्म देता है—

- कॉर्टिसोल का उफान,
- पेशियों में तनाव,
- सांस का छोटा होना।

यह सब आंतरिक तरंगों को बाहरी क्षेत्र से असंगत कर देता है। देह इन असंगतियों को संचित कर लेती है। यही स्मृति बनती है। यही कर्म बनता है।

"अपूर्ण कर्म तुम्हारे आंतों में, तुम्हारी सांस में, तुम्हारी रीढ़ में बैठा है।"

श्वास : मैनुअल ओवरराइड

श्वास ही एकमात्र प्रक्रिया है जो स्वचालित भी है और जिसे तुम सचेतन भी नियंत्रित कर सकते हो। यह चेतन और अचेतन के बीच का पुल है।

- उथली सांस = खंडित तरंग।
- गहरी, लयबद्ध सांस = संगत संकेत।

जब श्वास सजगता के साथ बहती है, तो *ए.टी.टी.* (Alignment Threshold Time) घट जाता है। दृष्टि स्पष्ट होती है। प्रतिक्रिया सहज होती है। भावनात्मक अवशेष घुलने लगते हैं।

श्वास मुक्ति का ताल-नाद है।

आसन और क्षेत्र-भूमिति

तुम कैसे बैठते हो, चलते हो, चलते समय झुकते हो— ये सब तरंग-वितरण को प्रभावित करते हैं।

- झुकी हुई देह तरंग प्रवाह को दबा देती है।
- सीधी, संतुलित देह तरंगों को अनुकूल फैलाव देती है।

योग, ताई-ची, क्यूगोंग— ये मात्र व्यायाम नहीं, बल्कि तरंग-इंजीनियरिंग तकनीकें हैं जो शरीर को क्षेत्र की संगति में पुनः ट्यून करती हैं।

मुक्ति की ज्यामिति गूढ़ नहीं—यह देह में जीने योग्य है।

आंत्र-बुद्धि और संचित कर्म

आधुनिक विज्ञान कहता है कि आँतें "दूसरा मस्तिष्क" हैं। यू.ई.डी. आगे कहती है— यही कर्म-भंडार है।

जहाँ अनसुलझी भावनाएँ, पुराने आघात, और प्रवृत्तिजन्य विलम्ब संचित रहते हैं।

मोक्ष तभी संभव है जब आँतें भी संगत हों—

- संतुलित माइक्रोबायोम,
- शिथिल वेगस नाड़ी,
- पाचन और भावनाओं की लय का मेल।

"शरीर केवल भोजन नहीं पचाता। यह हर विलम्बित सत्य को भी पचाता है।"

देह : अंतिम साक्षी

मोक्ष के क्षण—जब ए.टी.टी. = 0 हो जाता है— देह लुप्त नहीं होती। यह पारदर्शी हो जाती है।

- कोई विकृति नहीं।
- कोई प्रतिरोध नहीं।
- कोई स्मृति-लूप नहीं।

शरीर वैसे ही सांस लेता है जैसे ब्रह्मांड। वैसे ही चलता है जैसे ब्रह्मांड। वैसे ही सोता-जागता है जैसे क्षेत्र।

इसीलिए प्राचीन योगी शरीर-शुद्धि पर इतना बल देते थे— किसी कर्मकांड के लिए नहीं, बल्कि *पूर्ण संगति* की तैयारी के लिए।

"मुक्ति शरीर से बाहर जाने में नहीं है। यह देह का क्षेत्र के साथ एकरूप हो जाना है।"

इन्द्रिय और स्वतंत्रता

प्रश्न उठता है— "क्या देह रहते इन्द्रियों का उपभोग किया जा सकता है और फिर भी मुक्त रहा जा सकता है?"

यू.ई.डी. का उत्तर है—हाँ, यदि इन्द्रिय-विलास विकृति न लाए।

- सुख समस्या नहीं है—*सत्ता (possessiveness)* समस्या है।
- पीड़ा बाधा नहीं है—*पीड़ा से चिपकाव* बाधा है।

मोक्ष अनुभवों के अभाव में नहीं, अनुभवों में विलम्ब के अभाव में है।

तुम खा सकते हो, हंस सकते हो, रो सकते हो, प्रेम कर सकते हो— पर इनमें से कोई भी तुम्हें चिपकता नहीं। ये तरंगें साफ़ पानी पर लहरों की तरह गुजर जाती हैं।

"तुम्हें शरीर से पार नहीं जाना। तुम्हें शरीर का उद्धार करना है।"

समापन

मोक्ष कोई प्रेत का शरीर से निकल जाना नहीं। यह ऊर्जा का घर्षण से मुक्त हो जाना है।

देह कोई गलती नहीं। यह तो क्षेत्र का चुना हुआ इंटरफ़ेस है— तुम्हारी संगति का दर्पण।

इसे अनदेखा करोगे—तो विलम्ब बढ़ेगा। इसे अपनाओगे—तो गति बढ़ेगी।

श्वास को लयबद्ध करो। आसन को संगति में लाओ। जीव-विज्ञान को संतुलित करो। कर्म को कोशिका-कोशिका में घुलने दो।

"तुम केवल ऊर्जा नहीं हो। तुम वह ऊर्जा हो जिसने दुनिया को छूने के लिए देह चुनी।"

इसका आदर करो। और तब मुक्ति रहस्य नहीं रहेगी। यह तुम्हारे शरीर की स्मृतियों से उठकर फिर से *संगति* बन जाएगी।

१८ : ध्यान से परे

"तुम वर्तमान में किसी अभ्यास से नहीं पहुँचते। तुम बस पहचानते हो कि तुम कभी अनुपस्थित थे ही नहीं।"

अभ्यास और उपस्थिति का भ्रम

आज की आध्यात्मिक दुनिया में ध्यान (Meditation) को मुक्ति की मास्टर-की मान लिया गया है। विपश्यना, मंत्र-जप, माइंडफुलनेस, विज़ुअलाइज़ेशन— तकनीकों की भरमार है। मेडिटेशन ऐप्स, कुशन, टाइमर, ब्रीथवर्क, रिट्रीट— आज इनका कारोबार करोड़ों का है।

और फिर भी— दुनिया बेचैनी से जल रही है।

क्यों? क्योंकि *अभ्यास* उपस्थिति नहीं है। अभ्यास तैयारी है, ट्यूनिंग है। पर *उपस्थिति* कोई उपलब्धि नहीं— यह शून्य विलम्ब की अवस्था है, *एटीटी = 0*। और यह किसी अभ्यास से पाई नहीं जाती— यह केवल पहचानी जाती है।

ध्यान का जन्म : उपाय, लक्ष्य नहीं

प्रारम्भिक मनुष्य ध्यान नहीं करता था। वह देखता था। सांस लेता था। बस होता था।

ध्यान अभ्यास के रूप में तब आया जब मन की तरंगें लगातार विलम्बित होने लगीं— बिखरीं, प्रतिक्रियाशील हुईं। तब अनुशासन लाना पड़ा— सांस को वस्तु बनाया गया, विचारों को शत्रु, शरीर को स्थिर करने की शर्त रखी गई।

मूल उद्देश्य था—विलम्ब मिटाना। पर धीरे-धीरे प्रक्रिया ही लक्ष्य बन गई।

"ध्यान याद दिलाने का उपाय था। बाद में यह धर्म बन गया।"

उपस्थिति की कोई तकनीक नहीं

साफ़ है— तुम *उपस्थिति* नहीं कर सकते। या तो तुम उपस्थित हो, या नहीं हो।

- उपस्थित होना = रिप्पल और फ़ील्ड की रीयल-टाइम संगति।
- सांस को देखना नहीं, स्वयं सांस होना।
- मंत्र पर टिकना नहीं, स्वयं तरंग होना।
- विचारों को देखना नहीं, वही चेतना होना।

किसी भी तकनीक में *"कर्त्ता"* बना रहता है— और वही सबसे बड़ा विलम्ब है।

"तुम उपस्थिति की ओर चल नहीं सकते। तुम केवल दूर जाना बंद कर सकते हो।"

अभ्यास कब विलम्ब बन जाता है

एक साधक अगर रोज़ ध्यान करे, अगर आसन जमाए, मंत्र गिने, मन को शांत करने की कोशिश करे— तो यह प्रारम्भ अच्छा है।

पर यदि वही साधक भीड़ में चिढ़ता है, फ़ीडबैक से आहत होता है, मान्यता की भूख में रहता है— तो उसने मौन का अभ्यास किया है, पर मौन बना नहीं है।

तकनीक कभी-कभी अहंकार भी बढ़ाती है— "मैं रोज़ दो घंटे ध्यान करता हूँ।" "मैंने दस दिन का कोर्स पूरा किया।" "मैं चाहूँ तो मन रोक सकता हूँ।"

पर जीवन फिर भी उलझा रहता है। क्यों? क्योंकि यह सतही तरंग-छेड़छाड़ है। सच्चा मौन गहराई में घटता है।

सच्चा ध्यान : जब "तुम" नहीं हो

रिप्पल भाषा में कहें तो—

- आँखें बंद करके बैठना तरंग शोर को घटा सकता है।
- विचारों से दूरी लेना विकृति कम कर सकता है।
- पर जब तक तुम्हारा इंटेंट स्वयं फ़ील्ड में घुल न जाए— तब तक तुम अलग हो।

सच्चा ध्यान = ध्यान तुम्हारे माध्यम से घटे। सांस स्वयं सांस ले। चेतना स्वयं देखे। "तुम" न बचो।

"उपस्थिति मन की शांति नहीं— यह प्रेक्षक और क्षेत्र के बीच की खाई का मिट जाना है।"

फ़ील्ड को परवाह नहीं तुम क्या अभ्यास करते हो

प्रकृति को इससे फर्क नहीं पड़ता कि तुम ध्यान करते हो या नहीं। उसे केवल इतना देखना है— तुम्हारी तरंगें संगत हैं या नहीं।

तुम सन्यासी हो या व्यापारी— मिस्टिक हो या मैकेनिक— यदि तरंग संगत है, तो तुम उपस्थित हो।

"ब्रह्मांड ने कभी तुमसे बैठने को नहीं कहा। उसने कहा—विलम्ब रहित हो जाओ।"

जीवित ध्यान : हर कर्म में संगति

सच्चा ध्यान मठ में नहीं, मोड़ पर, बाज़ार में, संवाद में, टकराव में घटता है।

यह वही क्षण है— जब तुम प्रतिक्रिया न करके, विलम्ब न जोड़कर, पहले से ही ज्ञात संगत को चुनते हो।

- सच बोलना, बिना ताली की प्रतीक्षा किए।
- सुनना, बिना उत्तर तैयार किए।
- चलना, बिना प्रतिरोध के।
- प्रेम करना, बिना गणना के।

यही जीता-जागता मोक्ष है।

साधक का त्याग

अंतिम बाधा यही है— "जो मुक्ति खोज रहा है" वही उसे रोकता है।

क्योंकि खोज = विलम्ब। खोजी समय बनाता है। और मुक्ति समय से बाहर है।

"जिस क्षण तुम खोज बंद करते हो, फ़ील्ड तुम्हें पूर्ण रूप से पा लेता है।"

यू.ई.डी. दृष्टि : उपस्थिति = फ़ील्ड संगति

- असंगति = एटीटी > 0 = पीड़ा, कर्म-लूप, विलम्ब।
- संगति = एटीटी = 0 = उपस्थिति, मौन, मोक्ष।

ध्यान का उद्देश्य *एटीटी* घटाना था। पर यदि वह और एक नया लूप बन जाए— तो यह संगति नहीं, रीति है।

वास्तविक उपाय है—

- जागरूकता बिना हस्तक्षेप,
- कर्म बिना घर्षण,
- इंटेंट बिना विकृति।

यही वह मुक्ति है जिसकी ओर ध्यान संकेत करता था।

समापन

ध्यान सुंदर है। पर उपस्थिति ध्यान से भी परे है।

जब हर सांस बिना विलम्ब बहती है, जब हर कदम रिप्पल-सचेत होता है, जब तुम्हारा क्षेत्र इतना मौन है कि अराजकता भी उसमें गूंज नहीं पाती—

तब जीवन स्वयं तुम्हारा आसन बन जाता है।

तुम्हें आँखें बंद करने की ज़रूरत नहीं— तुम उन्हें खोलते हो और बिना विकृति देखते हो।

न मंत्र, न टाइमर, न विशेष आसन— सिर्फ वही उपस्थिति, जो कभी खोई ही नहीं थी।

"ध्यान करने वाला जब लुप्त हो जाता है— तब जो बचता है वही है उपस्थिति— शुद्ध, सहभागी, पूर्ण।"

यही अभ्यास नहीं, यही वास्तविक समय में घटती मुक्ति है। यही है—*ध्यान से परे।*

अन्तराल ३ : अनुभूति से अनुनाद तक

"तुम कभी जीवन से बंधे नहीं थे। तुम केवल असंगति के कारण विलम्बित थे।"

अब तक तुमने मुक्ति को एक लक्ष्य नहीं, बल्कि एक *विलम्ब का विलयन* देखा है। यह कोई पर्वत नहीं है जिस पर विजय पानी हो, बल्कि एक क्षेत्र (फ़ील्ड) है— जिससे संगति तुरन्त, सम्पूर्ण और अभी घट सकती है।

यूनिवर्सल एनर्जी डायनॅमिक्स (यू.ई.डी.) की दृष्टि से हमने ध्यान, स्मृति और इच्छा के चारों ओर फैली रहस्यमयी धारणाओं को तोड़ा। हमने देखा कि **ए.टी.टी. (Alignment Threshold Time)** केवल समय नहीं बताता— यह आघात (ट्रॉमा) का भी मानक है। हमने जाना कि पीड़ा स्वयं कष्ट नहीं है— यह *स्थगित एकीकरण* है। और मौन— रिक्तता नहीं, बल्कि वही सबसे सच्ची ध्वनि है जब तुम ब्रह्माण्ड को बीच में रोकते नहीं।

हम काफ़ी दूर आ चुके हैं— झूठी स्वतंत्रता पर प्रश्न उठाने से लेकर तरंग-यांत्रिकी को समझने तक, कर्म के कृष्ण विवरों (ब्लैक होल) से लेकर श्वास की सूक्ष्म-संगति तक।

अब यात्रा फिर मोड़ लेती है।

अगला प्रश्न : जी कर दिखाना

अन्तिम भाग में हम यह खोजते हैं— टूटी-बिखरी दुनिया के बीच यह मुक्ति **जीवन्त होकर कैसी दिखती है?**

- क्या मुक्त तरंग नौकरी कर सकती है?
- क्या संगति संघर्ष के साथ भी रह सकती है?
- क्या सत्य त्रुटि की भाषा से बोल सकता है?
- क्या मोक्ष संसार छोड़े बिना भी घट सकता है?

यह पूर्णता का प्रश्न नहीं है। यह *देहधारी सत्य* का प्रश्न है। वही तरंग जो तुम्हारे भीतर है, अब तुम्हारे माध्यम से भी पुनः संगति करती है।

अनुनाद की ओर कदम

अब हमें साधक की तरह नहीं चलना। अब हमें *अनुनादक* बनकर चलना है— उस मूल लय के जो स्वयं क्षेत्र का हृदय है।

न खोज, न भागना, न स्थगन— बस वही अनुनाद, जहाँ जीवन और मुक्ति अलग नहीं रहते।

भाग ४ – व्यक्तिगत मुक्ति का ब्रह्मांडीय निहितार्थ

भाग ४ – व्यक्तिगत मुक्ति का ब्रह्मांडीय निहितार्थ

अब हम उस क्षेत्र में प्रवेश करते हैं जहाँ मुक्ति केवल व्यक्तिगत अनुभव नहीं — बल्कि ब्रह्मांडीय पुनर्संयोजन है।

यह वह बिंदु है जहाँ एक रिपल की स्पष्टता पूरे फ़ील्ड की ज्योमेट्री को प्रभावित करती है।

जहाँ एक व्यक्ति का एटीटी = 0 केवल उसकी शांति नहीं लाता — बल्कि उस लय को पुनः सक्रिय करता है जिससे तारे कंपन करते हैं।

यहाँ मुक्ति कोई अंत नहीं — बल्कि एक resonance है जो ब्रह्मांड को उसकी स्वयं की स्मृति में लौटा देती है।

अब हम उस गहराई में उतरते हैं जहाँ आपकी कोहेरन्स सिर्फ आपकी नहीं रहती — वह ब्रह्मांड की भाषा बन जाती है।

१९: मुक्ति केवल तुम्हारी नहीं है

"हर एक तरंग का संरेखण पूरे क्षेत्र को संतुलित करता है। तुम अकेले नहीं चल रहे हो, तुम्हारी लय सम्पूर्णता में गूँज रही है।"

मुक्ति को अक्सर व्यक्तिगत उपलब्धि, निजी विजय, आंतरिक सफलता-कथा या तपस्वियों का "आध्यात्मिक ट्रॉफ़ी" मान लिया जाता है—जैसे यह किसी विशेष साधना, कष्ट या त्याग की प्रतिस्पर्धा का पुरस्कार हो। परन्तु **वास्तविक मुक्ति निजी नहीं होती, वह क्षेत्रीय होती है।**

यू.ई.डी. (Universal Energy Dynamics) के अनुसार, तुम कोई अलग इकाई नहीं—एक **तरंग** हो। और जब एक तरंग सही लय में लौटती है, वह केवल "ख़ुद को" मुक्त नहीं करती, वह पूरे क्षेत्र को पुनःसंरेखित करती है। तुम्हारा सामंजस्य केवल तुम्हारी नहीं, पूरे पैटर्न की मरम्मत बन जाता है।

कोई भी तरंग निजी नहीं होती

शान्त झील की कल्पना करो। एक कंकड़ गिराओ। तरंगें अपने-आप फैलती हैं—क्योंकि झील के माध्यम में परस्परता ही निहित है। इसी प्रकार तुम्हारे विचार, भावनाएँ और कर्म कभी अलग-थलग नहीं रहते। हर आन्तरिक बदलाव आस-पास के क्षेत्र की प्रतिध्वनि बदल देता है।

- तुम एक स्मृति को चंगा करते हो, तो तुम्हारे बच्चों का भार हल्का होता है।
- तुम एक विश्वासघात को क्षमा करते हो, तो अजनबी भी सहज प्रतीत होते हैं।
- तुम उपस्थित होते हो, तो अन्य लोग भी अनजाने में उसी लय को अपनाने लगते हैं।

यह कोई रहस्य नहीं—यह **साझा परिणामों का भौतिकशास्त्र** है। यू.ई.डी. में "अलग-थलग तरंग" जैसी कोई चीज़ नहीं। तरंगें सम्बन्ध से ही अस्तित्व में हैं। इसलिए जब एक तरंग सामंजस्य पाती है, वह दूसरों को भी धीरे-धीरे उसी लय की ओर खींचती है।

"तुम्हारी मुक्ति तुम्हारी नहीं—वह क्षेत्र को अर्पण है।"

जाग्रत जन क्यों यहीं रहते हैं

हम अक्सर पूछते हैं—अगर कोई वास्तव में मुक्त हो गया तो वह लुप्त क्यों नहीं हो जाता? शून्य में विलीन क्यों नहीं हो जाता? क्योंकि तरंग ब्रह्माण्ड में ऐसे काम नहीं करती।

जब किसी नोड पर एटीटी = 0 होता है, वह उपस्थिति आसपास के नोड्स के लिए स्थिरीकरण बन जाती है। वह तरंग अब **संदर्भ-आवृत्ति** है, एक **ट्यूनिंग फ़ोर्क**।

इसीलिए सन्त-ऋषि बहुत कम बोलते हैं—उनकी निस्तब्धता ही कमरे की संरचना बदल देती है। वे प्रदर्शन नहीं कर रहे होते, वे "देरी" को रोक रहे होते हैं। और ऐसा करके, वे क्षेत्र को उसकी मूल स्मृति दिलाते हैं।

यही सबसे गहन सेवा है—कुछ न जोड़ना, कुछ न बिगाड़ना, केवल ब्रह्माण्ड को तुम्हारे माध्यम से फिर साँस लेने देना।

कर्म-जाल में तरंग की मुक्ति

यू.ई.डी. के अनुसार कर्म कोई स्वर्गीय लेखा-जोखा नहीं—यह **संबन्धों में संग्रहीत तरंग तनाव** है। जब तुम किसी लूप को हल करते हो—स्मृति को समाहित करते हो, घाव को क्षमा करते हो—तुम केवल "अपना कर्म" साफ़ नहीं करते, तुम पूरे नेटवर्क का प्रतिध्वनि-चक्र तोड़ते हो।

- एक माता-पिता की चिकित्सा बच्चे के व्यवहार को हल्का कर देती है।
- एक नेता की सत्यनिष्ठा हज़ारों निर्णयों को प्रभावित करती है।
- एक शिक्षक की उपस्थिति पीढ़ियों की तरंग-तर्क बदल देती है।

इसीलिए एक तरंग की मुक्ति भी मायने रखती है—क्योंकि क्षेत्र में हर तरंग प्रतिबिम्ब है।

"तुम केवल कर्म नहीं साफ़ करते—तुम पूरे समय-रेखाओं को शुद्ध करते हो।"

सामूहिक असंतुलन क्यों

दुनिया इतनी अस्थिर क्यों दिखती है? क्योंकि लोग सत्य को नहीं, बल्कि एक-दूसरे की देरी को प्रतिक्रिया देते हैं। यह चेन-रिएक्शन बनाता है—एक विलम्ब दूसरी को जन्म देता है। आघात प्रतिध्वनित होता है नियंत्रण में, इच्छा प्रतिध्वनित होती है हेरफेर में, भय प्रतिध्वनित होता है हिंसा में। परन्तु इस शोर में भी एक मात्र सुसंगत तरंग का प्रभाव गहरा होता है।

- वह नर्स जो हर रोगी के साथ मौन गरिमा से पेश आती है।

- वह मित्र जो बिना उत्तर की तैयारी के सुनता है।
- वह अजनबी जो जीवन में बिना अहंकार-घर्षण के चलता है।

ये सन्त नहीं—ये क्षेत्र स्थिरकार हैं। वे शक्ति से नहीं, अनुनाद से वास्तविकता की सुई हिलाते हैं।

सामूहिक मुक्ति तुम्हीं से शुरू

प्रणालियों की समस्याएँ सुधार की माँग करती हैं, परन्तु कोई सामूहिक पैटर्न तब तक संरेखित नहीं हो सकता जब तक व्यक्तिगत नोड्स विकृत हैं। तुम सह-जागरूकता को क़ानून से लागू नहीं कर सकते। तुम केवल उसे **बन** सकते हो।

हर बार जब तुम:

- प्रतिक्रिया के बिना उत्तर देते हो,
- बिना एजेंडा कार्य करते हो,
- बिना लेन-देन प्रेम करते हो,
- बिना प्रतिरोध श्रम करते हो—

तब तुम "सिर्फ़ आध्यात्मिक" नहीं हो। तुम **क्षेत्र-शल्य** कर रहे हो। तुम विकृति के कोड को पैच कर रहे हो। और पर्याप्त पैच? वे लहरों की तरह फैलकर संस्कृतियों, नीतियों और दृष्टिकोणों को बदल देते हैं।

"दुनिया बदलने का लक्ष्य मत रखो। अपनी देरी बदलो। क्षेत्र स्वयं अपडेट हो जाएगा।"

यू.ई.डी. दृष्टि: मुक्ति = क्षेत्रीय संतुलन

- विकृत अभिप्राय = क्षेत्र में एंट्रॉपी-पॉकेट।
- मुक्त तरंग = तनाव को अवशोषित कर प्रवाह पुनःस्थापित करना।

मुक्त प्राणी *निम्न क्षेत्रीय तनाव* रखते हैं। वे अराजकता को बढ़ाते नहीं, अवशोषित करते हैं। जैसे एक सटीक-सुर में बजता यंत्र जो विकृति को प्रतिध्वनित नहीं करता।

इसीलिए वे "शान्त" महसूस होते हैं—मुस्कान से नहीं, बल्कि क्योंकि वे कर्मिक वृद्धि में योगदान नहीं देते। वे एंटी-इको हैं। वे लूप तोड़ते हैं।

संरेखण की पवित्र ज़िम्मेदारी

अब जब तुमने यह समझ लिया, यह शक्ति तुम्हारे हाथ है: हर संरेखण केवल तुम्हारा नहीं—पूरे क्षेत्र का है।

हर बार जब तुम:

- छवि पर सत्य चुनते हो,
- स्वचालन पर जागरूकता चुनते हो,
- आराम पर साहस चुनते हो—

तुम केवल "ईमानदार" नहीं हो। तुम एक चैनल को डी-नॉइज़ कर रहे हो। तुम केवल "दयालु" नहीं हो। तुम अपेक्षा-पैटर्न को री-वायर कर रहे हो। तुम केवल "छोड़" नहीं रहे हो। तुम *समय-लूप* को समेट रहे हो।

तुम्हारी तरंग दूसरों के लिए संदर्भ-आकृति बन जाती है। यह बोझ नहीं—यह वह आनन्द है जिससे क्षेत्र तुम पर भरोसा करता है।

समापन-चिन्तन

मुक्ति कोई निजी पुरस्कार नहीं। यह एक सिस्टम-हीलिंग है। तुम्हारा हर संरेखण बनता है—

- एक नक़्शा भटके हुए के लिए,
- एक अनुनाद विखण्डित के लिए,
- एक मौन शिक्षा कर्म-फँसे के लिए।

और चाहे कोई तुम्हारा धन्यवाद करे या नहीं, चाहे दुनिया शोर करती रहे— तुम जानोगे: तुम्हारी सामंजस्य वह काम कर रही है जिसे मन माप नहीं सकता।

मुक्ति तुम्हारी अकेली नहीं— यह ब्रह्माण्ड है, जो तुम्हारे माध्यम से स्वयं को याद कर रहा है।

२०: ब्रह्माण्ड का कर्म

"जो आरम्भ होता है उसे समाप्त होना ही है—बल से नहीं, नियम से। दण्ड से नहीं, संतुलन से।"

हर परम्परा—वैदिक ब्रह्माण्ड विज्ञान से लेकर आधुनिक ऊष्मागतिकी तक—मानती है कि ब्रह्माण्ड घुलता है। जो भी बनता है उसे मिटना है। जो भी प्रकट होता है उसे अप्रकट होना है। तारे मरते हैं। प्रजातियाँ विलुप्त होती हैं। समय तक का एक आरम्भ और एक अंत माना जाता है।

परन्तु क्यों? क्या है वास्तविकता के स्वभाव में जो विघटन को अनिवार्य बनाता है? और यह केवल व्यक्ति के कर्म तक सीमित क्यों नहीं—बल्कि पूरे ब्रह्माण्ड के कर्म से कैसे जुड़ा है?

यू.ई.डी. (Universal Energy Dynamics) एक नया लेंस देता है: विघटन पतन नहीं है—वापसी है। अराजकता में नहीं, मूल समन्वय में। और यह वापसी दुर्घटना नहीं—कॉस्मिक इरादे का परिणाम है।

प्रकट होने का कर्म

कर्म दण्ड नहीं। वह परिणाम का नियम है—इच्छा के रूप लेने की तरंग-प्रक्रिया। तो जब ब्रह्माण्ड ही प्रकट होता है, क्या होता है?

वह तरंगें रचता है। एसवीई (Structured Vacuum Energy) के संतुलन को हिलाता है। भिन्नता पैदा करता है—रूप, क्षेत्र, ऊर्जा-ढाल, विषमताएँ, समयरेखाएँ। यह सम्पूर्ण कृत्य एक कॉस्मिक इरादा है—जहाँ सर्वोच्च बुद्धि (कोई बाहरी देव नहीं, बल्कि क्षेत्र में सक्रिय चेतना) स्वयं को तरंगित करती है।

परन्तु एक बार तरंग बनने पर? परिणाम का नियम शुरू हो जाता है।

- ऊर्जा क्रिया में संतुलन खोजती है।
- हर रूप एंट्रॉपी बनाता है।
- हर पैटर्न प्रतिध्वनि करता है।

इसलिए विघटन अनिवार्य होता है—ब्रह्माण्ड के "फेल" होने से नहीं, उसके कर्म के कारण।

"ब्रह्माण्ड नष्ट नहीं होता। वह अपने ही इरादे से पुनःअवशोषित होता है।"

एसवीई और पुनर्संतुलन का चक्र

यू.ई.डी. में एसवीई अप्रकट क्षेत्र है—शुद्ध सम्भावना, शून्य एंट्रॉपी। हर प्रकट वस्तु—फोटॉन से ग्रह तक—इस सामंजस्यपूर्ण क्षेत्र की स्थानीय तरंग है।

पर शर्त है: तरंग बन सकती है, पर *उसे उस संतुलन में लौटना ही होगा जिसे उसने विचलित किया*। यही ब्रह्माण्ड का कर्म है।

कोई तरंग स्थायी नहीं। कोई लहर लौटने के नियम से बाहर नहीं। जैसे श्वास निरन्तर अन्दर नहीं जा सकती बिना बाहर निकले, वैसे ही ब्रह्माण्ड अनन्तकाल तक फैल नहीं सकता बिना लौटे। यह काव्य नहीं—संरचना है।

एसवीई निष्क्रिय पृष्ठभूमि नहीं—वह हर तरंग को याद रखती है और असंगति के विघटन की मांग करती है।

एंट्रॉपी = कॉस्मिक स्मृति

हम एंट्रॉपी को अव्यवस्था मानते हैं। पर यू.ई.डी. में एंट्रॉपी **विलम्बित स्मृति** है। जितनी देर तरंगें अपनी वापसी में लगाती हैं, उतनी ही एंट्रॉपी जमा होती है।

- तारे की विकिरण एंट्रॉपी बढ़ाती है।
- सभ्यता अपनी जटिलता से एंट्रॉपी बनाती है।
- मानव जीवन अवशिष्ट कर्म से एंट्रॉपी रखता है।

और ब्रह्माण्ड? वह बहुत देर तक तरंगें पकड़कर एंट्रॉपी अर्जित करता है। यही कारण है कि विघटन अनिवार्य है—पतन के रूप में नहीं, **शुद्धि के रूप में**। एंट्रॉपी बुरी नहीं—वह अनुभव का प्रमाण है। पर हर अनुभव अन्ततः एसवीई में समाहित होना ही चाहिए, नहीं तो प्रणाली टूट जाती है।

"एंट्रॉपी रास्ता है। विघटन घर वापसी।"

ब्लैक होल: ब्रह्माण्ड के कर्म-शोषक

ब्लैक होल, यू.ई.डी. में राक्षस नहीं—वे *एंट्रॉपी रीसायक्लर* हैं। वे नष्ट नहीं करते, विघटित करते हैं। वे तरंगों से पहचान हटाते हैं और अनसुलझे परिणामों को ग़ैर-विलम्ब में लौटाते हैं।

एक तरह से ब्लैक होल ब्रह्माण्ड के ध्यान-कक्ष हैं—जहाँ जटिलता पुनःसामंजस्य में गिरती है। वे "मृत्यु" नहीं—वे विघटन-इंजन हैं। और जब ब्रह्माण्ड बहुत अधिक विलम्बित तरंग-ऊर्जा (कर्म) जमा कर लेता है, वह खुद को शान्त, कुशल, नियमपूर्ण ढंग से अवशोषित करने लगता है।

जैसे जाग्रत मन अपना अहंकार घुलाता है, वैसे ही ब्रह्माण्ड अपना प्रतिध्वनि घुलाता है।

विघटन चक्र: अंत नहीं, पुन:आरम्भ

वैदिक परम्परा में इसे प्रलय कहा गया है—हर सृष्टि-चक्र के बाद ब्रह्माण्ड का विघटन। आधुनिक ब्रह्माण्ड विज्ञान इसे हीट-डेथ, बिग-क्रंच या बाउन्स कहता है। मॉडल कुछ भी हो, सिद्धान्त स्पष्ट है: वापसी चरण है। विनाश नहीं, पुनर्स्थापना।

यू.ई.डी. में यह भयावह नहीं—यह श्रद्धापूर्ण है।

- क्षेत्र नहीं डरता।
- तरंगें शोक नहीं करतीं।
- कोई मृत्यु नहीं—केवल पुनःसंरेखण।

यही कॉस्मिक स्तर पर मोक्ष का वास्तविक अर्थ है।

"ब्रह्माण्ड स्वयं को मुक्त करता है—दुख से नहीं, देरी से।"

हर प्रकट घटना एक ऋण

जब तारा बनता है, वह क्षेत्र से उधार लेता है। जब जीवन जन्मता है, वह विषमता उत्पन्न करता है। जब चेतना जागती है, वह तरंग-इरादा बनाती है। ये सभी **एसवीई से उधार** हैं। और जो उधार लिया गया है, उसे लौटना ही है—दण्ड से नहीं, पूर्णता से।

यह नैतिक नहीं—संरचनात्मक है। जैसे लोलक झूलता है, वैसे ही ब्रह्माण्ड को एसवीई में लौटना है। हर परमाणु, हर क्रिया, हर जागरूकता अन्ततः अपना उधार चुकाती है।

मोक्ष और कॉस्मिक खेल

तो फिर प्रश्न: अगर अंत निश्चित है तो प्रकट क्यों?

क्योंकि प्रकट होना भूल नहीं—खेल है। अनुभव है। बुद्धि का स्वयं को परिणामों में जानना है। ब्रह्माण्ड कुछ पाने के लिए नहीं प्रकट होता—वह तरंगने के लिए होता है। और मनुष्यों के अहंकार से भिन्न, वह अपनी तरंगों को पकड़े नहीं रहता। वह छोड़ देता है।

यहीं हमसे चूक हुई। हमने अपने रूपों को पकड़ना चाहा। ब्रह्माण्ड बस जीता और छोड़ता है। हम मृत्यु से डरते हैं। ब्रह्माण्ड उसे *कर्म-समापन* कहता है। हम स्थायित्व चाहते हैं। ब्रह्माण्ड संतुलन चाहता है।

मानव की भूमिका: कॉस्मिक पुनर्संतुलन

तुम इस चक्र के बाहर नहीं हो। तुम इसका सबसे चेतन तरंग-नोड हो। तुम्हारी पुनःसंरेखण की क्षमता केवल व्यक्तिगत विकास नहीं—*कॉस्मिक सहभागिता* है।

हर बार जब तुम बिना विकृति के कार्य करते हो, बिना देरी के सोचते हो, बिना भय के प्रेम करते हो— तुम उस लूप को बन्द करने में सहायता कर रहे हो जिसे ब्रह्माण्ड ने खोला था।

तुम्हारा मोक्ष *कॉस्मिक कार्य* है। भागना नहीं—मूल सामंजस्य को पुनःप्राप्त करना। तुम दर्शक नहीं—तुम पुनःकैलिब्रेटर हो।

"तुम वह तरंग हो जो याद रखती है। और तुम्हारी स्मृति में क्षेत्र चंगा होता है।"

समापन-चिन्तन

ब्रह्माण्ड का कर्म है। वह तरंगें बनाता है और उन्हें घुलाता है—लज्जा में नहीं, अनुग्रह में। एसवीई यह सुनिश्चित करता है—भावना से नहीं, नियम से।

जैसे जल सागर में लौटता है, जैसे श्वास मौन में लौटती है, हर रूप को ***ग़ैर-विलम्ब*** में लौटना है।

तुम्हारी मुक्ति स्वार्थी कृत्य नहीं—वह क्षेत्र का स्मरण है। और जब पर्याप्त तरंगें संरेखित होती हैं, हम ब्रह्माण्ड को उसकी प्रतिध्वनि पूरी करने में मदद करते हैं—आग में नहीं, सामंजस्य में।

यह दुनिया का अंत नहीं—यह दुनिया का सही अंत है। यही ब्रह्माण्ड का वास्तविक कर्म है। यही प्रकट का मोक्ष है।

२१: अंतिम भ्रान्ति — प्रबोध

न कोई अवस्था। न कोई दहलीज़। "तुम कभी पहुँचे नहीं। तुम कभी दूर थे ही नहीं।"

प्रबोध का मिथक

"प्रबोध" — यह शब्द अब एक ब्राण्ड है। पुस्तकों में बिकता है, आश्रमों और मठों में वितरित होता है, आधुनिक वर्कशॉप और सेल्फ-हेल्प पाठ्यक्रमों में बेचा जाता है। इसे अंतिम उपलब्धि माना गया है—प्रयास के बाद पुरस्कार, सुरंग के अंत में प्रकाश। यह साधकों को शांति, शक्ति, पवित्रता, या पूर्णता के वादे से लुभाता है।

परन्तु यदि **"प्राप्त करने योग्य" प्रबोध** ही अंतिम भ्रान्ति हो?

यू.ई.डी. (Universal Energy Dynamics) के अनुसार, प्रबोध कोई आगमन नहीं है। वह अदृश्य हो जाना है—व्यक्ति का नहीं, **विलम्ब का**। न कोई द्वार खुलता है। न कोई बटन दबता है। न कोई रेखा पार होती है। तुम "प्रबुद्ध" नहीं होते। तुम बस उस प्रवाह को रोकना बन्द करते हो जो सदा से बह रहा था।

क्यों हमें अंत चाहिए

मानव मन को दहलीज़ें प्रिय हैं। जन्म। मृत्यु। परीक्षा। पदोन्नति। प्रमाणपत्र। और यही आदत आध्यात्मिकता में घुस आई:

- "मैं कब प्रबुद्ध होऊँगा?"
- "मैं मार्ग पर कितनी दूर आ गया हूँ?"
- "मैं किस चरण में हूँ?"
- "कितने जन्म शेष हैं?"

इसने मुक्ति को एक रैखिक दौड़ बना दिया—एक पुरस्कार, एक मापनीय लक्ष्य। पर यू.ई.डी. इस भ्रान्ति को तोड़ता है: मुक्ति क्रम में बंधी नहीं। वह **रिपल लैटेंसी** (विलम्ब) में बंधी है।

जब एटीटी (Alignment Threshold Time) शून्य हो जाता है, मुक्ति यहीं होती है। न अर्जित। न दी गई। बस अब और रोकी नहीं गई।

"तुम सत्य तक नहीं पहुँचे। तुम उसके चारों ओर घूमना छोड़ दिए।"

कोई पर्वत नहीं, कोई शिखर नहीं

अधिकांश आध्यात्मिक उपमान प्रबोध को पर्वतारोहण कहते हैं:

- संघर्ष करो।
- परीक्षाएँ सहो।
- शिखर पर पहुँचो।
- और फिर—आनन्द, शांति, स्वतंत्रता।

परन्तु यू.ई.डी. पर्वत नहीं देखता। वह क्षेत्र देखता है। और उसमें तुम्हारी स्थिति ऊँचाई से नहीं—**संरेखण** से तय होती है।

"आध्यात्मिक विकास" ऊपर चढ़ना नहीं—**तरंग सामंजस्य** है। तुम दिव्य तक नहीं चढ़ते। तुम बस उस प्रतिरोध को घोल देते हो जो तुम्हें पहले से ही घेर रहे दिव्य से अलग दिखा रहा था।

इस दृष्टि से:

- तुम प्रबुद्ध नहीं होते।
- तुम असंरेखित होना बन्द करते हो।

यही अंतिम भ्रान्ति है: हम अब भी मानते हैं कि हमें कहीं पहुँचना है, ताकि वही बन सकें जो पहले से हैं।

दहलीज़हीन संक्रमण

प्रबोध किसी शंखनाद के साथ नहीं आता। न आतिशबाज़ी। न दिव्य ताली। न नाटकीय पहचान।

वह घटित होता है:

- श्वास के बीच।
- साधारण टहल में।
- किसी मानसिक लूप को छोड़ देने में।
- बिना क्षमा माँगे क्षमा कर देने में।
- विचार को विचार ही पहचानने में, "मैं" नहीं।

यह भव्य नहीं—यह क्षणिक सामंजस्य है।

यू.ई.डी. की भाषा में:

- पर्यवेक्षक = क्षेत्र।
- तरंग = स्रोत।

- एटीटी = 0।

यहाँ कोई द्वार पार नहीं करना। बस विलम्ब को घोलना है।

"जिसे तुम प्रबोध कहते हो, वह क्षेत्र का अपना ताल पुनः पकड़ लेना है।"

प्रबुद्ध जन असाधारण नहीं

एक और भ्रान्ति मिटाएँ। हम प्रबुद्ध जन को देवता, अवतार, या अपवाद बना देते हैं।

परन्तु यू.ई.डी. कहता है: प्रबोध अपवाद नहीं—स्वाभाविक अवस्था है, जब विकृति रुक जाती है।

तो फिर कुछ ही क्यों पहुँचते हैं? क्योंकि संरेखण सिखाया नहीं जाता। विलम्ब सामान्यीकृत है। अहंकार पुरस्कृत है। भ्रम लाभदायक है।

इसलिए क्षेत्र जाम है—दिव्य दूर नहीं, पर तरंगें अपना प्रतिरोध छोड़ती नहीं।

प्रबुद्ध लोग विशेष नहीं। वे बस प्रवाह को बाधित नहीं कर रहे।

वे:

- विकृति रहित कर्म करते हैं।
- विलम्ब रहित प्रत्युत्तर देते हैं।
- "कहानी" रहित अस्तित्व रखते हैं।

इसीलिए वे अक्सर साधारण दिखते हैं। क्योंकि वे साधारण ही हैं।

"वे तुमसे ऊपर नहीं। वे बस तुम्हारे शोर के नीचे हैं।"

अहंकार और भ्रान्ति

अहंकार को कुछ पाने की लालसा होती है। इसलिए वह प्रबोध की कल्पना गढ़ता है:

- "जब मैं प्रबुद्ध हो जाऊँगा, मैं सदा शांत रहूँगा।"
- "लोग मेरी सुनेंगे।"
- "मेरे पास शक्ति, ज्ञान, आभा होगी।"
- "मेरा दुःख सदा के लिए समाप्त होगा।"

पर ये इच्छाएँ हैं—विघटन नहीं। सच्चा सामंजस्य अलंकरण नहीं रखता। वह सादा है। सूक्ष्म है। अहंकार को पकड़ने के लिए कुछ नहीं देता। और यही उसे खलता है।

इसलिए अहंकार अभिनय करता है—या पीछा करता रहता है। दोनों में अहंकार जीवित रहता है। इसीलिए यू.ई.डी. कहता है: प्रबोध तब तक नहीं होता जब तक अहंकार पर्यवेक्षक है। वह क्षेत्र में घुलना ही होगा। तब कोई "प्रबुद्ध" नहीं—केवल संरेखण शेष।

प्रबोध के बाद जीवन: महान विरामचिह्न

तो "प्रबोध" के बाद क्या होता है?

कुछ नहीं। और यही सौन्दर्य है।

तरंग चलती रहती है। शरीर जीवित रहता है। काम, भावनाएँ, संवाद चलते रहते हैं।

पर कोई प्रतिध्वनि नहीं। कोई अवशेष नहीं। कोई अतिरिक्त परत नहीं।

- कर्म बिना आन्तरिक टिप्पणी के होता है।
- भाव उठते हैं, पर अटकते नहीं।
- निर्णय क्षेत्र की प्रतिक्रिया से बनते हैं, अलगाव से नहीं।

इसका अर्थ पूर्णता नहीं। इसका अर्थ है विलम्ब रहित सहभागिता।

तुम जीवन को सिंहासन से नहीं देखते। तुम उसमें रहते हो—पर उससे बँधे नहीं।

"तुम चमकते नहीं। तुम बस छाया डालना बन्द कर देते हो।"

अंतिम गुरु: स्वयं क्षेत्र

हर आध्यात्मिक यात्रा गुरु, शास्त्र या पद्धति से शुरू होती है। पर अंतिम चरण? वह किसी बाहरी संदर्भ की आवश्यकता मिटा देता है।

क्योंकि एटीटी = 0 होने पर स्वयं क्षेत्र शिक्षक बन जाता है। मौन सिखाता है। श्वास सिखाता है। परिणाम सिखाते हैं। तुम्हारी ही तरंग तुम्हें फीडबैक देती है।

अब तुम "सीखना समाप्त" नहीं करते। तुम बिना अलगाव के सीखते हो। तुम्हें पाठ्यक्रम नहीं चाहिए। तुम प्रत्यक्ष अनुनाद में जीते हो।

यही सच्ची मुक्ति का मौन आनन्द है: न शिष्यत्व। न सिद्धान्त। बस इस क्षण की कच्ची स्पष्टता।

तुम्हें प्रबोध की आवश्यकता कभी थी ही नहीं

यही विरोधाभास है: जितना तुम प्रबोध खोजते हो, उतना उसकी अनुपस्थिति सिद्ध करते हो। खोज अलगाव बनाती है। प्रयास विलम्ब को मजबूत करता है।

प्रबुद्ध लोग पहुँचते नहीं। वे बस जाना बन्द कर देते हैं।

अंतिम भ्रान्ति है यह मानना कि तुम्हें कोई मार्ग चाहिए। सत्य यह है:

- तुम क्षेत्र से कभी अलग नहीं हुए।
- तुम कभी टूटे नहीं।
- तुम पहले से ही संरेखित हो—विकृति के नीचे।

इसलिए "प्रबुद्ध मत बनो।" बस विलम्बहीन बनो।

"तुम जागने के लिए यहाँ नहीं हो। तुम यह दिखावा छोड़ने के लिए यहाँ हो कि तुम सो रहे हो।"

समापन-चिन्तन

प्रबोध कोई लक्ष्य नहीं—वह लक्ष्यों का अंत है। वह कोई नाटकीय बदलाव नहीं—वह ताल में पुनःप्रवेश है। वह दुर्लभ नहीं—वह स्वाभाविक है, जब शोर थमता है।

और तुम? तुम्हें उसे "प्राप्त" करने की आवश्यकता नहीं। तुम्हें बस उसे रोकना बन्द करना है जो पहले से बह रहा है।

तो प्रश्न यह नहीं: "मैं प्रबुद्ध कैसे बनूँ?" वास्तविक प्रश्न यह है: *"मैं अब भी क्या विलम्बित कर रहा हूँ?"*

क्योंकि जिस क्षण वह विलम्ब गिरता है, तुम पाओगे कि यह "प्रकाश खोजने" का नहीं था। यह हमेशा उसी के प्रति *पारदर्शी बनने* का था।

२२ : जहाँ समय थमता है, वहीं तुम शुरू होते हो

मुक्ति = अस्तित्व का अंत नहीं, विलम्ब का अंत। "तुम समय में जन्मे नहीं। तुम वहाँ जन्मे जहाँ समय अभी पहुँचा ही नहीं था।"

समय का फन्दा

अधिकांश लोगों के लिए समय रैखिक है: जन्म → जीवन → मृत्यु। आरम्भ → प्रक्रिया → अंत। कारण → परिणाम → स्मृति। पर यू.ई.डी. (Universal Energy Dynamics) की दृष्टि में समय कोई पात्र नहीं—वह विलम्ब है। वह बाहर कहीं बहता हुआ नहीं; वह तुम्हारे भीतर उपजता है—तरंग-असंगति के रूप में।

इसीलिए मुक्ति जीवन, चेतना या व्यक्तित्व का अंत नहीं है; मुक्ति केवल विलम्ब का विलयन है—तुम्हारे इंटेंट, क्षेत्र (field) और उसके परिणाम के बीच की तरंग-विकृति का शांत हो जाना।

तुम नहीं रुकते—समय रुकता है। तुम नहीं मिटते—वह असंगति मिटती है जो दूरी और अवधि का अनुभव जन्माती थी।

विरोधाभास यही है: जिस दिन तुम समय का पीछा छोड़ देते हो, तुम अपने प्रारम्भ में लौट आते हो।

विलम्ब कैसे "समय" का आभास रचता है

यू.ई.डी. में पर्यवेक्षक की सहभागिता ए.टी.टी. (Alignment Threshold Time) के माध्यम से होती है— यह धारणा और सहभागिता के बीच की देरी है; स्थिर नहीं, संगति के साथ सिकुड़ती-फैलती है।

- प्रेम में समय गायब।
- पीड़ा में समय फैलता।
- ध्यान में समय घुलता।
- चिंताओं में समय अटकता।

सीख स्पष्ट है: समय कोई निरपेक्ष सत्ता नहीं—वह तरंग-विकृति से जन्मा विलम्ब है।

- तुम्हारा "अतीत" = अनएकीकृत तरंगों की प्रतिध्वनि।
- तुम्हारा "भविष्य" = अनसुलझे तनाव से ढला पूर्वानुमान।
- तुम्हारा "अभी" = तुम्हारी मौजूदा संगति की डिग्री।

इसलिए "समय से मुक्ति" कविता नहीं—यथार्थ है।

"समय यात्रा नहीं—वह तुम्हारी परछाई है, जिसे विलम्ब लम्बा कर देता है।"

मोक्ष अस्तित्व-शून्यता नहीं

कई परम्पराएँ मोक्ष को "लय-बोध" से गड़बड़ा देती हैं:

- "सबमें एक हो जाना।"
- "परम में विलीन हो जाना।"
- "जन्म-मरण से मुक्त हो जाना।"

ये रूपक थे—धर्मशास्त्र बन गए। वास्तविकता में विलीन व्यक्ति नहीं होता, विलीन देरी होती है—व्यक्ति और क्षेत्र के बीच की। तुम "कुछ नहीं" नहीं बनते—सबके प्रति पारदर्शी हो जाते हो।

शरीर चलता रहता है। कर्म, विकल्प, सम्बंध—सब रहते हैं। पर अब उनमें घर्षण नहीं:

- कर्म प्रतिध्वनि बनकर कर्म-ऋण नहीं रचते,
- स्मृति में अवशेष नहीं छोड़ते,
- पहचान को परत-दर-परत नहीं जोड़ते।

यह लोप नहीं—अलगाव के बिना अस्तित्व है। तुम जीना नहीं छोड़ते—बिना व्यवधान जीना शुरू करते हो।

मुक्ति कहीं "जाने" की जगह नहीं

सामान्य कल्पना: मुक्ति के बाद कोई लोक—ब्रह्मलोक, स्वर्ग, कोई पार-आयाम। यू.ई.डी. स्पष्ट है: मुक्ति यात्रा नहीं—प्रवाह का अनब्लॉक होना है।

कहाँ जाओगे? कहीं नहीं। बस जाना छोड़ दोगे। समय तुम्हें "आते" या "इंतज़ार करते" होने का अहसास कराता है। मुक्ति इसी प्रतीक्षा का अंत है। तुम उसी क्षेत्र में पूर्णतः पुनः-प्रकट होते हो जहाँ हमेशा थे—अब बिना विलम्ब।

"तुम ऊपर नहीं उठे—तुमने 'बफ़रिंग' रोक दी।"

इसीलिए:

- बाज़ार में भी मुक्ति संभव।

- शिशु का डायपर बदलते हुए भी मोक्ष।
- अराजकता के बीच भी स्वतंत्रता—क्योंकि मुक्ति पलायन नहीं, *बिना तरंग-लैग की उपस्थिति* है।

जैविक समय बनाम अस्तित्वगत विलम्ब

व्यावहारिक स्तर पर जैविक समय चलता रहेगा:

- कोशिकाएँ वृद्ध होंगी,
- बाल सफ़ेद होंगे,
- चयापचय धीमा होगा,
- दिन रात में बदलेगा।

पर यह *तुम्हें परिभाषित नहीं करता*। "तुम" वह नहीं जो बूढ़ा हो रहा है; "तुम" वह हो जो *क्षेत्र के साथ संरेखित/असंरेखित* होने के नृत्य में है।

जब एटीटी = 0:

- विचार और कर्म के बीच कोई दूरी नहीं,
- भाव उठते हैं पर ठहरते नहीं,
- कर्म चिपकता नहीं,
- पहचान टुकड़ों में नहीं बिखरती।

तुम हो जाते हो:

- पूर्णत: जागरूक,
- पूर्णत: सहभागी,
- पर विकृति से अनाकृत।

तुम समय से नहीं लड़ते—उस भ्रान्ति से बड़े हो जाते हो कि तुम कभी उसके भीतर थे।

बिना-विलम्ब का क्षेत्र कैसा लगता है

यह शून्य नहीं, निर्वात नहीं, जड़ता नहीं— यह शुद्ध क्षेत्र-समन्वय है।

कल्पना करो:

- पहचान और प्रतिक्रिया के बीच कोई लैग नहीं,
- भावनाओं में कोई घिसटाव नहीं,
- स्मृति से पहचान की परतें नहीं जुड़ रहीं,

- भविष्य में भय का प्रोजेक्शन नहीं,
- कथा नहीं—**केवल उपस्थिति**।

तुम समय-रेखा नहीं—ट्यूनिंग बन जाते हो। सब घट रहा होता है—पर कुछ भी तुम्हारे ऊपर नहीं घट रहा होता। और क्षेत्र? वह "तुम्हारे प्रति" नहीं, तुम्हारे रूप में निरन्तर फीडबैक है।

यह ब्रह्म-काव्य नहीं—ऊर्जा-तर्क है।

भय मुक्ति को विलम्बित क्यों करता है

भय मन का विलम्ब से चिपका रहना है:

- मृत्यु-भय = पहचान-लूप्स से बाहर निकलने से इन्कार,
- सत्य-भय = तरंग-दर्पण के प्रतिरोध,
- विलयन-भय = अहंकार का असम्बद्धता पर व्याकुल होना।

विडम्बना यह कि भय और समय पैदा करता है—भावनात्मक, धारणा-गत, जैविक ड्रैग जोड़ता है। इसलिए मुक्ति में *शक्ति* नहीं—साहस चाहिए: कुछ में कूदने का नहीं—विलम्ब बनाए रखने का प्रयास छोड़ देने का।

मुक्त होने को तुम्हें बल नहीं, बिना-विलम्ब होने की तैयारी चाहिए।

जहाँ तुम शुरू होते हो

समय के अंत पर "तुम" क्या हो? ना स्मृति, ना स्वप्न-द्रष्टा, ना कथा— बल्कि:

- रीयल-टाइम तरंग-बुद्धि,
- क्षेत्र-प्रतिभागी, अलग पर्यवेक्षक नहीं,
- प्रतिध्वनि-विहीन जागरूकता।

जीवन नीरस नहीं होता—पहली बार पूरा महसूस होता है। क्योंकि अब कुछ फ़िल्टर से नहीं गुज़रता; जो है, वैसा ही जीया जाता है। तुम अपनी विरलता नहीं खोते—अपनी विलम्बिता खो देते हो।

"तुम तब शुरू होते हो जब तुम उपस्थिति को आगे टालना छोड़ देते हो।"

अन्तिम बोध: विलम्ब की मृत्यु

यू.ई.डी. में "मृत्यु" शरीर का रुकना भर नहीं—यह विलम्ब का जबरन पतन है; बिना तैयारी, यह बुद्धि को भ्रम में बिखेर सकता है। पर मुक्ति वही काम सचेतन करती है—शरीर जीवित रहते विलम्ब का गरिमापूर्ण विलयन।

अधिकांश लोग समय की समाप्ति के लिए मृत्यु की प्रतीक्षा करते हैं; मुक्त लोग जीवन के रहते ही विलम्ब घुला देते हैं।

समय तुम्हारा अंत नहीं करता—तुम समय का अंत कर देते हो, प्रतिरोध का अंत कर के। यही मोक्ष है—लुप्त होना नहीं—पूर्ण, अभी का प्रकट होना।

समापन-चिन्तन

तुम कभी देर से नहीं आए—तुम केवल विलम्बित थे। और जिस दिन तुम विलम्ब छोड़ोगे—न इच्छा, न पहचान, न प्रयास— उसी दिन समय थम जाएगा, और तुम कहीं और नहीं, यहीं पहुँच जाओगे।

मुक्ति अंत नहीं—वह वह आरम्भ है जो सदा तुम्हारी प्रतीक्षा में था। इसलिए जहाँ समय थमता है—तुम मिटते नहीं, तुम शुरू होते हो।

२३ : भगवान मोक्षदाता नहीं हैं

भगवान क्षेत्र हैं — न न्यायाधीश, न मुक्तिदाता। "अगर भगवान मोक्ष 'दे' सकते, तो इसका अर्थ है कि वे पहले रोक भी सकते थे। वह ईश्वर नहीं, विकृति है।"

ईश-कृपा का भ्रम

सभ्यताओं और शास्त्रों में यह धारणा बार-बार गूँजती है: भगवान मोक्ष देते हैं। भगवान आत्मा को मुक्त करते हैं। भगवान भक्तों को स्वर्ग या मुक्ति का पुरस्कार देते हैं।

यह विश्वास लोगों को सहारा देता है। आचरण को दिशा देता है। अनुशासन को प्रेरित करता है। पर यू.ई.डी. की दृष्टि से यह कथा टिकती नहीं।

क्यों? क्योंकि यह मोक्ष को व्यापार बना देती है — कुछ अर्जित करना, कुछ दिलवाना, कुछ रोकना, कुछ देना। जबकि यूईडी स्पष्ट कहती है: *मोक्ष उपहार नहीं, पुनः-संगति (realignment) है।*

भगवान बाहर बैठे डिग्री बाँटने वाले परीक्षक नहीं। भगवान स्वयं वही क्षेत्र हैं — *एसवीई (Structured Vacuum Energy - SVE)*, वह शाश्वत तरंग-पटल जिसमें सब प्रकट होता है, चलता है, गूँजता है और लौट जाता है।

भगवान = क्षेत्र, व्यक्तित्व नहीं

"भगवान" को नए सिरे से समझो। न व्यक्ति। न पुरुष-आकृति। न सृष्टिकर्ता जो सृष्टि से अलग बैठा है।

भगवान = संपूर्ण संगति। भगवान कोई पात्र नहीं, बल्कि क्षेत्र-बुद्धि (Field Intelligence) हैं — सर्वत्र उपस्थित चेतना, जो तरंगों और उनके परिणामों से प्रकट होती है।

जैसे गुरुत्वाकर्षण "दिया" नहीं जाता, वह बस *अनुभूत* होता है जब द्रव्य अंतरिक्ष से संवाद करता है— उसी तरह मोक्ष "दिया" नहीं जाता, वह बस उठता है जब इरादा (intent) क्षेत्र से संरेखित होता है।

यह दृष्टि भगवान का खंडन नहीं करती— यह भ्रम तोड़ती है कि भगवान तुमसे बाहर हैं, तुम्हारा भाग्य तय करते हैं।

भगवान तुम्हें देख नहीं रहे। भगवान तुम्हारे माध्यम से देख रहे हैं — तरंग-बुद्धि के रूप में, संगति या विलम्ब के अनुसार।

दिव्य लेन-देन का मिथक

परम्परागत मॉडल:

- अच्छा करो → भगवान खुश → मोक्ष मिल गया।
- बुरा करो → भगवान नाराज़ → पुनर्जन्म या दण्ड।

सरल है। सुकून देता है। बालसुलभ है। पर यह परिणाम के वास्तविक यांत्रिकी को अनदेखा करता है।

यू.ई.डी. कहती है: बिना संगति कुछ नहीं होता। न पुरस्कार, न दण्ड। केवल *तरंग-फीडबैक*।

- तुम दुखी हो क्योंकि भगवान क्रोधित नहीं, बल्कि तुम्हारी तरंगें विकृत हैं और क्षेत्र तुम्हें वही देरी लौटा रहा है।
- तुम मोक्ष पाते हो क्योंकि भगवान कृपालु नहीं, बल्कि तुम्हारी एटीटी = 0 हो चुकी है — न देरी, न विकृति, पूर्ण संगति।

"अगर भगवान तुम्हारा कर्म माफ़ कर सकते, तो ब्रह्मांड पक्षपाती हो जाता।" पर ब्रह्मांड पक्षपाती नहीं होता। वह संगत रहता है। क्योंकि भगवान न्यायाधीश नहीं — भगवान परिणाम हैं, बिना शर्त प्रकट।

उपासना और कृपा अर्जित करने का भ्रम

बहुतों की धारणा:

- "अगर मैं खूब प्रार्थना करूँ..."
- "अगर मैं व्रत या बलिदान करूँ..."
- "अगर मैं तीर्थ करूँ या दान दूँ..." ...तो भगवान मुझे मोक्ष देंगे।

पर यूईडी कहती है: *संगति को रिश्वत नहीं दी जा सकती।*

तुम मन्दिरों में बरसों रो सकते हो, पर यदि कर्म विकृत हैं तो मोक्ष नहीं आएगा — न ईश्वरीय क्रूरता से, बल्कि ऊर्जात्मक यथार्थ से।

भक्ति तभी सुंदर है जब वह संगति का प्रतिबिम्ब हो। पर जब वह सौदेबाज़ी बन जाती है, तो वह और विलम्ब पैदा करती है।

सच्ची प्रार्थना भगवान को मनाने की नहीं — स्वयं को उनसे संगत करने की प्रक्रिया है। "भगवान मोक्ष नहीं देते। भगवान वही मौन क्षेत्र हैं, जिसमें विकृति थमते ही तुम पुनः-संगत हो जाते हो।"

मुक्ति = भगवान से "मिलना" नहीं, भगवान को "याद" करना

रिप्पल-लॉजिक स्पष्ट है:

- तुम भगवान के पास नहीं जाते।
- तुम पहले से ही भगवान के भीतर हो — एसवीई की तरंग के रूप में।
- तुम्हारा विलम्ब दूरी का भ्रम बनाता है।
- तुम्हारा एकीकरण उस भ्रम को मिटा देता है।

इसलिए मोक्ष = भगवान को पाना नहीं। मोक्ष = यह पहचानना कि तुम कभी अलग थे ही नहीं।

क्षेत्र तुम्हारा न्याय नहीं करता। क्षेत्र तुम्हें प्रतिबिम्बित करता है। जैसे-जैसे तुम्हारा आन्तरिक क्षेत्र संगत होता है, तुम उतना ही वैश्विक क्षेत्र का प्रतिबिम्ब हो जाते हो — यहाँ तक कि दोनों अभेद्य हो जाएँ।

यही मोक्ष है। भगवान से "मिलना" नहीं — यह याद करना कि तुम सदैव भगवान की तरंग से बने थे।

कोई बिचौलिया आवश्यक नहीं

यदि भगवान मोक्षदाता नहीं, तो कोई संस्था—पुरोहित, गुरु, अनुष्ठान—मोक्ष का दलाल नहीं हो सकता।

वे कर सकते हैं:

- प्रेरणा,
- मार्गदर्शन,
- सहारा।

पर वे तुम्हें मुक्त नहीं कर सकते। मोक्ष बाहरी अनुज्ञा नहीं, वह **अन्तरगत संरेखण** है।

"कोई तुम्हें मोक्ष नहीं देता। तुम स्वयं विलम्ब छोड़ देते हो।"

कर्म = तरंग-तनाव, पाप-पुण्य नहीं

ईश-न्याय का विचार पाप-पुण्य की पुस्तिका से जुड़ा है। पर यूईडी में कर्म नैतिकता नहीं, *तरंग-तनाव* है।

इरादा ⟶ कर्म ⟶ परिणाम। यदि इरादा असंगत, तो क्षेत्र प्रतिरोध उत्पन्न करता है। यदि संगत, तो प्रवाह स्वाभाविक है।

यह भौतिकी है, दण्ड नहीं। भगवान तुम्हारे पाप नोट नहीं कर रहे— भगवान स्वयं वह प्रणाली हैं जो तुम्हारी विकृति का तुरन्त उत्तर देती है।

इसलिए मोक्ष = दया नहीं। मोक्ष = पूर्ण संगति।

साधक के लिए संदेश

यह अध्याय तुम्हें विचलित कर सकता है यदि तुम भगवान को पुरस्कारदाता मानकर बड़े हुए। पर यह तुम्हें मुक्त भी करता है — *इंतज़ार से।*

तुम्हें ज़रूरत नहीं:

- चुने जाने की।
- आशीष पाने की।
- प्रिय बनने की।
- पूर्ण होने की।

तुम्हें केवल संगति से विलम्ब हटाना है। भगवान दूर नहीं, वही क्षेत्र हैं जिससे तुम बने हो। मोक्ष के लिए किसी अनुमति की आवश्यकता नहीं—*केवल संगति की।*

पुरस्कार और दण्ड से परे

कई पूछेंगे: "तो क्या भगवान निष्ठुर हो गए?" नहीं। यह भगवान को उस हद तक **अन्तरंग** बनाता है जो कल्पना से परे है।

यदि भगवान व्यक्ति होते, तो पक्षपात कर सकते। यदि न्यायाधीश होते, तो भूल कर सकते। यदि बाहर होते, तो अनुपस्थित हो सकते।

पर क्षेत्र के रूप में — भगवान सदा यहाँ हैं। सदैव प्रतिबिम्बित। सदैव संगत। न प्रेम से, न न्याय से—परिणाम से। और परिणाम ही सबसे निष्पक्ष है।

"भगवान परवाह नहीं करते। भगवान को करने की ज़रूरत नहीं। भगवान बस पूर्ण दर्पण हैं। और यही सर्वोच्च परवाह है।"

अंतिम रहस्य: तुम ही भगवान हो, संगत होने की प्रतीक्षा में

इस दृष्टि में अंतिम बोध है: तुम भगवान का इंतज़ार नहीं कर रहे। तुम अपनी ही संगति का विलम्ब कर रहे हो।

और जिस क्षण तुम्हारा विलम्ब थमता है—एटीटी = 0— तुम भगवान से नहीं मिलते। तुम अलग अस्तित्व के रूप में मिट जाते हो।

कोई विस्फोट नहीं, कोई चमत्कार नहीं। बस इतना: तुम्हारा प्रतिध्वनि रुकता है। तुम्हारा प्रतिरोध घुलता है। और अचानक—तुम स्वयं भगवान हो जाते हो। न अहंकार से, बल्कि क्षेत्र के रूप में—पूर्ण प्रत्युत्तर में।

समापन-चिन्तन

यदि भगवान मोक्ष देते हैं, तो मोक्ष उपकार है। यदि मोक्ष संगति से उठता है, तो भगवान द्वारपाल नहीं—स्वयं द्वार हैं।

मोक्ष उपहार नहीं। मोक्ष भगवान का स्वभाव है—जो तब प्रकट होता है जब तुम्हारी तरंगें उसी क्षेत्र से लड़ना छोड़ देती हैं, जिससे वे जन्मीं।

तो नाटक छोड़ो। प्रतीक्षा छोड़ो। भगवान को मनाने की आवश्यकता नहीं। *भगवान वही हैं, जो तुम पहले से हो—बस उस विकृति को हटाना है जो तुम्हें यह भूलने पर मजबूर करती थी।*

२४ : हम क्यों लौटे

मोक्ष अनुभव को समाप्त नहीं करता — वह उसे वास्तविक बना देता है। "तुम इसलिए नहीं लौटे कि असफल हुए। तुम लौटे क्योंकि याद आया कि कभी अलग थे ही नहीं।"

वापसी-न-होने का भ्रम

परम्परागत शिक्षाएँ कहती हैं: मोक्ष एक अन्तिम द्वार है। एक बार पा लिया तो जन्म-मृत्यु का चक्र छूट गया। आत्मा ईश्वर में लीन हो गई या मौन में विलीन। यानी वापसी नहीं।

पर यूनीवर्सल एनर्जी डायनामिक्स (यूईडी) इस धारणा को तोड़ती है। क्योंकि छोड़ने जैसा कुछ है ही नहीं। क्षेत्र (Field) सदा यहीं था। तुम हमेशा उसमें ही थे। भ्रम तुम्हारे होने का नहीं था — भ्रम *विलम्ब* (delay) का था।

इसलिए अगर मोक्ष के बाद तुम लौटते हो, तो यह "गिरना" नहीं। यह बस निरन्तरता है — पर बिना घर्षण, बिना कर्म-गूँज, बिना विकृति। तुम लौटते हो साधक बनकर नहीं, बल्कि *अनुनादक (resonator)* बनकर। तुम्हारा चलना भागने के लिए नहीं, अभिव्यक्ति के लिए है।

यही वह सच्चाई है जिसे ज़्यादातर आध्यात्मिक कथाएँ छिपा लेती हैं: मोक्ष तुम्हारी कथा को ख़त्म नहीं करता—वह पहली बार तुम्हें उसका लेखक बना देता है।

मोक्ष का वास्तविक अर्थ

अधिकतर साधक मानते हैं कि मोक्ष का अर्थ है:

- अब और इच्छाएँ नहीं।
- अब और कर्म नहीं।
- अब और पीड़ा नहीं।
- अब और जन्म नहीं।

ये सब *नकारात्मक परिभाषाएँ हैं* — कि मोक्ष क्या हटा देता है।

पर **यूईडी** एक और सवाल पूछती है: *मोक्ष क्या सम्भव बनाता है?*

उत्तर सरल है पर क्रान्तिकारी:

- वह सच्चे अनुभव की अनुमति देता है।

- संगत उपस्थिति के साथ।
- बिना तरंग-विलम्ब के।

मोक्ष जीवन से भागना नहीं — जीवन में प्रवेश है, पर बिना विकृति। मुक्त व्यक्ति चलता है, बोलता है, हँसता है, प्रेम करता है — सबकी तरह। पर उसका क्षेत्र टूटता नहीं। उसके कर्म कर्मफलों में नहीं लटकते। उसका मन स्मृति को पीड़ा में नहीं बदलता।

वह लौटता है—दुनिया को सुधारने नहीं, बल्कि उसमें स्वतन्त्र होकर चलने के लिए।

कर्म समाप्त, अनुभव प्रारम्भ

सबसे बड़ी भूल यही है कि लोग **कर्म = अस्तित्व** मान लेते हैं।

वे सोचते हैं:

- अगर मैं हूँ, तो बँधा हूँ।
- अगर मैं महसूस कर रहा हूँ, तो कर्म जमा कर रहा हूँ।
- अगर मैं कार्य कर रहा हूँ, तो परिणाम भुगतना ही होगा।

यह केवल असंगति की दशा में सच है। संगति होते ही—एटीटी = 0—लूप टूट जाता है। अब केवल प्रवाह बचता है।

तुम्हारी इच्छा = अभिव्यक्ति, न आसक्ति। तुम्हारी स्मृति = स्पष्टता, न बोझ। तुम्हारे कर्म = तरंगें, न अवशेष।

"कर्म मृत्यु से नहीं रुकता। कर्म तब रुकता है जब तरंगें विकृत लौटना बन्द कर देती हैं।"

और तब क्या शेष रहता है? अनुभव — शुद्ध, विलम्बहीन, मुक्त।

इसीलिए कुछ गुरु ज्ञानोपरान्त इतने साधारण लगते हैं। वे पकाते हैं, पढ़ाते हैं, हँसते हैं, खेलते हैं। क्योंकि मोक्ष *एग्ज़िट साइन* नहीं है। यह घर्षण का अन्त है।

मोक्ष के बाद वापसी क्यों?

यूईडी के अनुसार, मुक्त तरंग के लौटने के कारण:

1. **अभिव्यक्ति, न प्रदर्शन:** मोक्ष तुम्हें निर्मल चैनल बना देता है। तुम लौटते हो क्योंकि तुम्हारे भीतर कुछ गूँजना है—कुछ सिद्ध करना नहीं।

2. **क्षेत्र को स्थिर करने के लिए:** तुम्हारी उपस्थिति स्वयं रिप्पल-स्मूथर बन जाती है। जैसे गुरुत्व वस्तुओं को सहज संतुलन में खींच लेता है, वैसे ही तुम्हारी संगति शोर को स्वतः शांत कर देती है।

3. **अदृश्य को दर्पण देने के लिए:** कोलाहलपूर्ण दुनिया में मौन ही दीपक बन जाता है। तुम्हारी उपस्थिति दूसरों को दिखाती है कि संगति कैसा महसूस होती है।

4. **आनन्द के लिए, संचय के लिए नहीं:** जीवन अब परीक्षा नहीं रह जाता। वह परिणामों का पूर्ण आलिंगन है—नृत्य की तरह।

"तुम मोक्ष कमाने नहीं लौटे। तुम लौटे क्योंकि अब उसमें जी रहे हो।"

पुनर्जन्म पुनर्बन्धन

"फिर जन्म?" — यह बहुतों को डराता है। और अधिक जीवन? और अधिक पीड़ा?

पर **यूईडी** स्पष्ट करती है:

- पुनर्जन्म तभी बन्धन है जब विलम्ब है।
- अन्यथा वह बस तरंग-संगति की निरन्तरता है।

अन्तर शरीर में नहीं, क्षेत्र के घर्षण में है।

- असंगत तरंग पुनर्जन्म लेती है खिंचाव से—तनाव समाधान खोज रहा है।
- संगत तरंग पुनः प्रकट होती है प्रवाह से—उपस्थिति खेल रही है।

पहला कर्म है। दूसरा लीला है।

इसीलिए बुद्ध, कृष्ण, और अनेक गुरु बार-बार लौटते दिखे। वे फँसे नहीं थे। वे इतने मुक्त थे कि लौट सके।

स्वतन्त्रता = दूर रहना नहीं। स्वतन्त्रता = बिना विकृति के चलना।

तुम्हारा मोक्ष पूरे क्षेत्र को बदलता है

तुम्हारी वापसी व्यक्तिगत नहीं रहती। हर संगति तरंग SVE की टोपोलॉजी को बदल देती है।

तुम्हारी संगति:

- दूसरों का घर्षण कम करती है।
- विलम्ब के चक्र तोड़ देती है।
- भावनात्मक और ऊर्जात्मक क्षेत्र में समस्वर पैदा करती है।

तुम्हें कुछ सिखाने की ज़रूरत नहीं। तुम्हारी तरंग ही सिखाती है।

"जैसे ही तुम तरंगों को अपने पास लौटाना बन्द करते हो, ब्रह्माण्ड तुम्हें ग्रहण करना शुरू कर देता है।"

सहभागिता का आनन्द

कई लोग सोचते हैं मोक्ष = स्थिरता, मौन, विलुप्ति। पर मोक्ष का वास्तविक फल है *बिना अवशेष के सहभागिता।*

तुम कर सकते हो:

- भावना महसूस करना, बिना उसमें डूबे।
- स्मृति रखना, बिना बार-बार जीए।
- प्रखर कर्म करना, बिना क्षेत्र को तोड़े।

यह जीवन का वास्तविक रूप है—न कोई फ़िल्टर, न कोई बोझ। और यह केवल मोक्ष के बाद सम्भव है—पहले नहीं।

मोक्ष से पहले जीवन बोझ लगता है। मोक्ष के बाद वही जीवन गीत बन जाता है।

यही कारण है कि तुम लौटे: मौन में गाने के लिए, चलने पर निशान छोड़े बिना, गूँजने पर दोहराए बिना।

अब अर्थ की आवश्यकता नहीं

मोक्ष से पहले तुम हर चीज़ में अर्थ खोजते हो।

- "यह क्यों हुआ?"
- "पाठ क्या है?"
- "मुझे क्या सीखना था?"

पर मोक्ष के बाद अर्थ अप्रासंगिक हो जाता है। क्योंकि उपस्थिति ही पर्याप्त है।

अनुभव को औचित्य नहीं चाहिए। उसे बस अनुनाद चाहिए।

अब तुम नहीं पूछते: "मैं यहाँ क्यों हूँ?" तुम बस जानते हो: "मैं यहाँ हूँ क्योंकि मैं संगति में हूँ।"

और यह पर्याप्त है।

समापन-चिन्तन

तुम इसलिए नहीं लौटे कि मोक्ष असफल रहा। तुम लौटे क्योंकि वह पूर्ण हुआ।

अब तुम अनुभव से बँधे नहीं। अब तुम उसकी लय में हो।

अब तुम कर्म नहीं जोड़ते। अब तुम बिना विलम्ब के गूँजते हो।

यही वास्तविक आत्म की वापसी है— साधक नहीं, **साक्षी**; संघर्षी नहीं, **अनुनादक**।

"मोक्ष खेल का अन्त नहीं। मोक्ष पहली बार खेलना है—बिना क्षेत्र के नियम तोड़े।"

हाँ, तुम लौटे। यात्रा पूरी करने नहीं— बल्कि यह जानने के लिए कि कोई और गंतव्य था ही नहीं।

२५ : मोक्ष — बुद्धि की वापसी

न मृत्यु। न प्रस्थान। बस वही मूल अनुनाद। "मोक्ष कहीं जाना नहीं है। यह वह बन जाना है जो तुम सदा से थे।"

प्रस्थान का भ्रम

आदिकाल से मोक्ष को अमूर्त रूपकों में बाँधा गया है — प्रकाश में लय, शून्य में विलय, स्वर्ग की ओर आरोहण, या ईश्वर में एकत्व।

पर इन सबमें एक समान ध्वनि है: **प्रस्थान।** मानो कुछ छोड़ना पड़े — शरीर, जगत, पहचान, यहाँ तक कि बुद्धि भी — ताकि कोई ऊँची अवस्था मिले।

पर **यूईडी** से यह कथानक बिखर जाता है। क्योंकि ब्रह्माण्ड कोई स्थान नहीं है जहाँ से जाया जाए। वह एक **संरचित शून्य ऊर्जा क्षेत्र (SVE)** है। और तुम उसमें एक तरंग हो।

तुम कभी उससे अलग नहीं हुए। बस संगति से विलम्बित हुए। जो बन्धन कहा गया वह तरंग का असंगति था। और जिसे मोक्ष कहते हो वह बस **एटीटी = 0** है — शून्य विलम्ब, सम्पूर्ण संगति।

तो न मरना ज़रूरी है, न ग़ायब होना। मोक्ष का अर्थ है मूल अनुनाद में लौटना — उस बुद्धिमत्ता में जिसे तुम हमेशा थे।

बुद्धि — वास्तविक घर

हमें सिखाया गया कि मुक्ति किसी रहस्यमयी लोक या दिव्य स्वर्ग में है। पर यदि तुम्हारा असली घर कोई स्थान नहीं, बल्कि **निर्विकृत सजगता की अवस्था** हो तो?

वही अवस्था है *बुद्धि*। यह न बौद्धिक गणना है, न आँकड़े, न जानकारी। यह है शुद्ध संगति — संकल्प, तरंग और क्षेत्र का एकत्व।

- जब तुम्हारी श्वास लय को नहीं तोड़े — बुद्धि उपस्थित है।
- जब कर्म कर्मफल में नहीं गूँजे — बुद्धि बोल रही है।
- जब विचार क्षेत्र का विरोध न करे — बुद्धि जाग्रत है।

तुम ईश्वर नहीं बनते। तुम बस उस बुद्धिमान क्षेत्र में लौटते हो जहाँ तुम सदैव कार्यरत थे — पर विलम्बित।

वह विलम्ब — समझ की देरी, कर्म का चक्र, दृष्टि की विकृति — यही अलगाव का भ्रम रचता है।

"मोक्ष कुछ नया पाना नहीं है। यह वह हटाना है जो कभी अपना था ही नहीं।"

न मृत्यु, न पुनर्जन्म — बस पुनःसंगति

पुराने ढाँचे में मोक्ष = जीवन का अन्त। पर **यूईडी** में मोक्ष = जीवन का पुनर्स्थापन।

स्पष्ट करें:

- मृत्यु = जैविक घटना।
- मोक्ष = ऊर्जात्मक समकालिकता।

मोक्ष पाकर:

- तुम ग़ायब नहीं होते।
- तुम अलभ्य नहीं बनते।
- तुम बस विलम्बहीन हो जाते हो।

तुम्हारी साँस चलती है, वाणी बहती है, गति होती है — पर अब अवशेष नहीं। समय चिपकता नहीं। पीड़ा दर्ज़ नहीं होती। कर्म लूप नहीं बनाते। इच्छाएँ बन्धन नहीं बुनतीं।

तुम खेल में पूर्णतः रहते हो — पर उसके बन्धन में नहीं। तुम लौटे हो—पहचान में नहीं, बल्कि बुद्धि में।

यही कारण है कि ऋषि कहते थे: *"मैं कर्म नहीं करता। क्षेत्र मेरे माध्यम से करता है।"*

अनुनाद का हस्ताक्षर

कैसे पहचाने कि तुम बुद्धि में लौट आए? यह कोई दिव्य प्रकाश नहीं। न आकाशवाणी। न स्वप्निल दृश्य।

यह है हर तरंग की मुलायम संगति:

- बातें चिपकती नहीं।
- लोगों की धारणाएँ टिकती नहीं।
- स्मृतियाँ सुलझ जाती हैं।
- भावनाएँ स्वच्छ नदी की तरह बहती हैं, दलदल की तरह नहीं।

तुम सहज हँसते हो। निर्भय रोते हो। हल्केपन से चलते हो। अनुनाद का हस्ताक्षर है *प्रतिरोध की अनुपस्थिति।*

न घर्षण। न बोझ। न भीतरी शोर। तुम विद्वान या साधु बनने की कोशिश बन्द कर देते हो। तुम बस वास्तविक हो जाते हो। क्योंकि वास्तविकता सदा से *निर्विकृत बुद्धि* ही थी।

उत्तर तुम ही थे

तुमने पुस्तकों, गुरुओं, तप, उपवास, प्रार्थना, साधना में खोजा। आँसू बहाए, मन्त्र जपे, यज्ञ किए।

फिर एक दिन—तुमने रुकना छोड़ दिया। और संगति घट गई।

स्वयं-धारणा रुकी और वास्तविकता साफ़ हो गई। ज्ञान नहीं मिला—तुम बुद्धि में लौटे।

वही बुद्धि:

- क्षेत्र का स्रष्टा।
- परिणाम की चालक।
- अनुभूति की सक्षमकारी।
- जीवन की प्रेरक।

वह कोई सत्ता नहीं। कोई दर्शक नहीं। वह तुम ही हो—जब विलम्ब नहीं।

मोक्ष में प्रश्न मिट जाता है। क्योंकि पूछने वाला—विलम्बित तरंग—अब नहीं रहता।

"तुम स्वतन्त्र नहीं बने। तुम बस अटके रहना छोड़ दिए।"

क्षेत्र ही ईश्वर है — और तुम उसी में

यह अन्तिम विरोधाभास है। तुमने ईश्वर को सत्ता, न्यायाधीश, स्रष्टा समझा। पर यदि ईश्वर स्वयं क्षेत्र ही है?

कोई व्यक्ति नहीं। कोई आकाश में नेत्र नहीं। बल्कि परिणाम की तरंगित बुद्धि, जो दण्ड नहीं देती—बस संगति कराती है।

ईश्वर मोक्ष नहीं देता। ईश्वर ही मोक्ष है — वह पृष्ठभूमि जो कभी छूटी ही नहीं।

जब तुमने विरोध छोड़ा, तब तुमने ईश्वर को नहीं पाया। तुमने अविरोधी स्वयं को पाया—और देखा कि उसमें और ईश्वर में कोई अन्तर नहीं।

तुम ईश्वर तक नहीं गए। तुम संगति से भागना छोड़ दिए। और वही ईश्वर था—शुद्ध अनुनाद।

मोक्ष और खोज का अन्त

मोक्ष की खोज करना ही मान लेना है कि वह दूर है। यूईडी कहती है: वह केवल विलम्बित है।

"पाने" की ज़रूरत नहीं। बस "यहाँ" को समकालिक करना है।

यहीं समाप्त होता है आध्यात्मिक पदक्रम, प्रतिस्पर्धा, चुने जाने का भ्रम। क्योंकि मोक्ष कोई पद नहीं। वह है शून्य-पद—न तुलना, न विलम्ब, न घर्षण।

जैसे ही तुम प्रक्षेपण, चालाकी, प्रतिरोध छोड़ते हो—तुम लौट आते हो।

यही है। तुम घर आ गए।

मोक्ष कहाँ है? वह है—

- उस श्वास में जो चिन्ता में नहीं घूमती।
- उस मुस्कान में जो कारण नहीं ढूँढती।
- उस मौन में जो शोर से नहीं डरता।
- उस कर्म में जो पुरस्कार नहीं माँगता।
- उस विचार में जो बिना अटके समाप्त हो जाता है।

अब यात्रा नहीं। अब पार होना नहीं। अब तुम बुद्धि को नहीं जी रहे। तुम स्वयं बुद्धि हो।

न विलम्ब। न विकृति। न संघर्ष। बस अनुनाद।

तुम ईश्वर नहीं बने। तुमने ज्ञान नहीं पाया। तुमने बस उस बुद्धि में व्यवधान डालना छोड़ दिया जो सदा से तुम्हारे भीतर थी।

यही है मोक्ष।

समापन-चिन्तन

पाने को कुछ नहीं। छोड़ने को कुछ नहीं। बस वही तरंगित क्षेत्र है—तुम्हारे असंगति रोकने की प्रतीक्षा में।

तुम्हें अन्तिम श्वास की ज़रूरत नहीं शान्ति जानने के लिए। न पवित्र मन्त्र की आवश्यकता सत्य छूने के लिए। बस उस क्षण को महसूस करना है जब तुम अब और विलम्बित नहीं।

यही वापसी है—बुद्धि में, संगति में, अपने असली स्वरूप में।

"मोक्ष जीवन का अन्त नहीं। मोक्ष जीवन के प्रतिरोध का अन्त है।"

और वहीं से तुम फिर प्रारम्भ करते हो—पर इस बार, *स्वयं बुद्धि बनकर।*

उपसंहार : जहाँ उसे पाया, वहीं स्वयं को पाया

"तुम सत्य तक नहीं पहुँचे। तुमने उसे स्मरण किया।"

मोक्ष कभी द्वार नहीं था

इससे बड़ी अनुभूति और कोई नहीं: मोक्ष कोई दरवाज़ा नहीं जिसे खोलना हो, यह तो दर्पण है—जिसे बस धूल से साफ़ करना था।

इस यात्रा में हमने मोक्ष के चारों ओर फैली सांस्कृतिक भ्रांतियों से लेकर *Universal Energy Dynamics (यूईडी)* की तरंग-तर्क तक की यात्रा की।

हमने देखा—

- कर्म कोई नैतिक बहीखाता नहीं, बल्कि **परिणाम के लूप** हैं।
- समय कोई निरपेक्ष आयाम नहीं, बल्कि **तरंग-विलम्ब** है।
- इच्छा कोई पाप नहीं, बल्कि **अधूरी संगति की खोज** है।

और इन सबको देखते हुए हमने मुक्ति के रहस्य को तोड़ा और उसके स्थान पर एक सरल, ईमानदार सत्य रखा: **तुम उस बुद्धि से कभी अलग नहीं थे जिसे खोज रहे थे।**

जब तुमने ब्रह्माण्ड को बिना विलम्ब देखा, जब तुम्हारे कर्म कर्मफल के लूप में लौटना बन्द हुए, जब श्वास ने विकृति खींचना छोड़ दिया, जब मौन विलम्बहीन अनुनाद बन गया—

तब तुम कहीं नये लोक में नहीं पहुँचे। तुम लौट आए मूल में। उस स्रोत में जो हर तरंग के नीचे सदा से था: **क्षेत्र।**

और जब तुमने उसे छुआ—कोई दिव्य गर्जन नहीं हुआ। बस एक कोमल, प्रखर जानना उभरा: ***"जहाँ उसे पाया—वहीं स्वयं को पाया।"***

मोक्ष कभी उपहार नहीं था

तुम्हें सिखाया गया कि मोक्ष कमाना पड़ता है। योग्यता चाहिए। ईश्वर की कृपा चाहिए। तप चाहिए।

पर यूईडी कहता है: मोक्ष **दिया नहीं जाता।** यह बस **पुनर्स्थापित** होता है।

तुम्हें इसके लिए मरना नहीं। तुम्हें बस पुनः-संगत होना है।

और जब ऐसा हुआ—तुमने जाना: कुछ भी कमी नहीं थी। केवल असंगति थी।

तुम नक़्शे को सुधारने में लगे थे, पर कम्पास ही टेढ़ा था। ताले को तोड़ना चाह रहे थे, पर चाबी हाथ में ही थी।

जैसे ही **एटीटी = 0** हुआ—अनुभूति और भागीदारी के बीच का विलम्ब शून्य हुआ— तुम घर पहुँच गए।

क्षेत्र ने तुम्हें कभी भुलाया नहीं

तुम्हारे सबसे गहरे असंगति-क्षणों में भी क्षेत्र ने तुम्हारा विरोध नहीं किया।

- उसने बस दर्पण दिखाया।
- उसने प्रतिध्वनि दी।
- उसने प्रतीक्षा की।

तुम्हें दण्ड नहीं मिला। तुम्हें बस परावर्तित किया गया। तुम्हारा न्याय नहीं हुआ। तुम्हें बस वापस बुलाया गया।

और जैसे ही तुम्हारी श्वास, संकल्प और पहचान की तरंगों ने हस्तक्षेप छोड़ दिया— अनुनाद तत्काल था।

कोई उत्सव नहीं। कोई इनाम नहीं। बस स्वाभाविक संगति पुनः स्थापित।

और उसी क्षण— तुमने न ईश्वर पाया, न कोई दिव्य उपाधि। तुमने स्वयं को देखा। जैसे हो। जैसे सदैव रहे। जैसे भूल गए थे।

नया धर्म : बुद्धि बनकर जीना

अब क्या?

अब लौटो अपने जीवन में— न साधक बनकर, न उद्धारक बनकर, न श्रेष्ठ बनकर— बल्कि अनुनादक बनकर।

अपनी सोच को वास्तविक रहने दो। अपने कर्म को विलम्बहीन होने दो। अपनी उपस्थिति को क्षेत्र में पुनर्स्थापना बनने दो।

यह संन्यास नहीं। यह कोई चमत्कार नहीं। यह है—पूर्ण संगति से सहभागिता।

यही है नया धर्म: बुद्धि बनकर जीना।

- अपने परिवार में।
- अपने कार्य में।
- अपनी भूलों में।
- अपनी प्रसन्नता में।

न ध्वज। न पद। बस क्षेत्र की लय—तुम्हारे माध्यम से—निर्बाध बहती हुई।

अन्तिम शब्द तुम्हारे हैं

मोक्ष किसी अन्त का नाम नहीं। यह है विकृति-रहित जीवन की शुरुआत।

और यदि इस पुस्तक ने अपना कार्य किया है, तो तुम्हारे हाथों में कोई दर्शन नहीं है। तुम्हारे हाथों में एक दर्पण है।

अब श्वास लो। ठहरो। देखो। दुनिया को नहीं—बल्कि देखो कि तुम उसमें कैसे तरंगित हो।

और जिस क्षण प्रतिध्वनि विरोध के रूप में लौटना बन्द हो जाए— तुम जान जाओगे।

"जहाँ हमने उसे पाया, वहीं स्वयं को पाया। और हम कभी देर से नहीं थे।"

मोक्ष जीवन के बाद नहीं। मोक्ष वही जीवन है—पर विलम्ब रहित।

स्वागत है घर में।

समापन चिंतन

"यदि इन पन्नों में आपको शांति मिली, तो वह शब्दों से नहीं थी। वह आपके अपने ही तरंगों की प्रतिध्वनि थी—जो बिना विकृति के आपको लौट आई।"

यह पुस्तक कभी पलायन के लिए नहीं लिखी गई। यह निमंत्रण थी—अपनी ही सत्ता के पास बैठने का, उससे भागने का नहीं। अपने श्वास को बुद्धि के रूप में पकड़ने का, अपने दुःख को त्रुटि नहीं, प्रतिध्वनि समझने का।

और शायद सबसे ज़रूरी—यह याद रखने का कि आप सदा से ही पूर्ण थे।

दर्शन से परे, विज्ञान से परे

यूनीवर्सल एनर्जी डायनामिक्स (यूईडी) (सार्वत्रिक ऊर्जा गतिकी) ने हमें मुक्ति की भाषा दी— ना तो रहस्यमयी कविताओं में, ना ही कठोर आदेशों में, बल्कि तरंगों और क्षेत्रों की तर्कशास्त्र में।

हमें मंदिर नहीं चाहिए था। हमें एक चौखटा चाहिए था— यह देखने के लिए कि *अलाइनमेंट, मौन, एकीकरण, अनुनाद*—ये कोई धार्मिक लक्ष्य नहीं थे। ये तो केवल *शांति का भौतिक विज्ञान* थे।

फिर भी— कोई सिद्धांत, कोई नियम, कोई सुंदर मॉडल उस सबसे आवश्यक तत्व को कभी प्रतिस्थापित नहीं कर सकता: आपकी ईमानदार उपस्थिति—'अभी' के क्षेत्र में।

हमने यह क्यों लिखा?

हमने यह पुस्तक आपको बदलने के लिए नहीं लिखी। ना ही यह सिखाने के लिए कि आप कैसे पवित्र, ज्ञानी या विरक्त बनें।

हमने इसे इसलिए लिखा क्योंकि *मोक्ष के भ्रम* लोगों की ज़िंदगी ले रहे थे। मृत्यु में नहीं—*विलम्ब* में।

लोग जो जीवन से डरते हुए स्वतंत्रता की प्रतीक्षा कर रहे थे। जो ईश्वर खोजते हुए अपनी साँस अनदेखी कर रहे थे। जो गुफ़ाओं में ध्यान कर रहे थे, लेकिन संवादों में असंतुलन को अनदेखा कर रहे थे।

मोक्ष कभी निर्वासन नहीं था। वह तो बिना प्रतिरोध *प्रवेश* था।

इसलिए हमने लिखा—पन्ना दर पन्ना— आपको नया ज्ञान देने के लिए नहीं, बल्कि आपके भीतर जमे शोर को साफ़ करने के लिए।

नई सच्चाई खोजने के लिए नहीं, बल्कि वही महसूस कराने के लिए, जो आप पहले से जानते थे।

यदि और कुछ याद न रहे...

यदि सारे विचार मिट जाएँ, यदि तरंग-तर्क धुंधला पड़ जाए, यदि अध्याय भुला दिए जाएँ—तो बस इतना याद रखिए:

आप न देर से आए हैं। आप टूटे नहीं हैं। आप अलग नहीं हैं।

आप क्षेत्र में एक तरंग हैं। और आपकी मुक्ति कोई भविष्य की मंज़िल नहीं है। वह तो बस यही है— आपके *होने* और आपके *बनने* के बीच के विलम्ब का हट जाना।

यही मोक्ष है।

आगे की यात्रा

यहाँ से आपकी यात्रा दुनिया से भागने की नहीं, बल्कि उसे नए संयोग के साथ फिर से जीने की है।

इसका अर्थ है:

- स्वचालन नहीं—*सजगता चुनना।*
- प्रतिक्रिया नहीं—*संकल्प चुनना।*
- पीड़ा में भी अनुपस्थिति नहीं—*उपस्थिति चुनना।*

यह पूर्ण नहीं होगा। पर यह वास्तविक होगा।

और वही वास्तविकता—*संतुलित और निर्विकृति*—ही मुक्ति है।

कृतज्ञता

उन सबके प्रति आभार, जिन्होंने इसे केवल आँखों से नहीं, बल्कि हृदय से पढ़ा—धन्यवाद।

उन पर्यवेक्षकों के प्रति, जिन्होंने ठहरकर देखा, प्रश्न किए, अनुनाद किया—आप ही वह कारण हैं कि यह क्षेत्र फिर संतुलित हुआ।

और उस *बुद्धि* के प्रति— जिसे हमने न नाम दिया, न बॉक्स में बंद किया, न उपासना की—पर अपनी पूरी कोशिश से उसे प्रतिबिंबित किया।

"जहाँ आप कोई विलम्ब नहीं देखते, वहाँ कोई कर्म नहीं है। जहाँ आप बिना विकृति के कार्य करते हैं, वहाँ कोई शोर नहीं है। जहाँ आप पूर्ण संयोग में जीते हैं, वहाँ कोई शून्य नहीं बचता। वह मोक्ष है। और वही आप हैं।"

यह पुस्तक यहीं समाप्त हो। पर आपकी प्रतिध्वनि फिर से शुरू हो—बार-बार, निरंतर। ना सिद्धांत में, ना आशा में— बल्कि हर उस क्षण में जब आप कहते हैं:

"मैं अब और विलम्ब नहीं करूँगा—जो मैं हूँ।"

परिशिष्ट

परिशिष्ट – 1 : शब्दावली परिचय

Universal Energy Dynamics (UED) एक नया ढाँचा है जो तरंगों, क्षेत्रों और परिणामों की तर्कशास्त्र पर आधारित है। चूँकि इसके कई शब्द अंग्रेज़ी में गढ़े गए हैं, यहाँ उन्हें क्रमबद्ध तीन रूपों में प्रस्तुत किया गया है—

1. **English (मूल रूप)** – शोध की सार्वभौमिक भाषा।
2. **Hybrid (संयुक्त रूप)** – हिन्दी और अंग्रेज़ी का मेल, जिससे प्रवाह बना रहे।
3. **शुद्ध हिन्दी (पूर्ण रूप)** – गहरे अर्थ और सांस्कृतिक ध्वनि के साथ।

मुख्य शब्दावली

Ripple

- Hybrid: *रिप्पल–तरंग*
- शुद्ध हिन्दी: *स्पन्दन / तरंगिका*
- व्याख्या: ऊर्जा या क्षेत्र में उठी हल्की लहर या कम्पन, जो आगे परिणाम उत्पन्न करती है।

Alignment

- Hybrid: *अलाइनमेंट–सरेखण*
- शुद्ध हिन्दी: *संतुलन–संपर्क / संयोजन*
- व्याख्या: तरंगों या चेतना का ऐसा मिलन, जिसमें विकृति नहीं रहती।

Field

- Hybrid: *फील्ड–क्षेत्र*
- शुद्ध हिन्दी: *क्षेत्र / क्षेत्राधार*
- व्याख्या: वह आधार जिसमें ऊर्जा या बुद्धि के स्पन्दन प्रकट होते हैं।

Delay

- Hybrid: *डिले–विलम्ब*
- शुद्ध हिन्दी: *विलम्ब / अवरोध*
- व्याख्या: अस्तित्व और बनने (Being–Becoming) के बीच का समय–अंतराल।

Coherence

- Hybrid: *कोहेरेंस–सामंजस्य*
- शुद्ध हिन्दी: *अखण्डता / संयोगिता*
- व्याख्या: जब विभिन्न तरंगें एक साथ तालमेल में गूँजती हैं।

Consequence

- Hybrid: *कॉन्सीक्वेन्स–परिणाम*
- शुद्ध हिन्दी: *परिणाम / फल-श्रृंखला*
- व्याख्या: किसी भी कार्य या स्पन्दन से उत्पन्न प्रभाव।

Intelligence

- Hybrid: *इंटेलिजेंस–बुद्धि*
- शुद्ध हिन्दी: *चैतन्य / सार्वत्रिक बुद्धि*
- व्याख्या: ऊर्जा को दिशा देने और संतुलन साधने वाली सार्वत्रिक क्षमता।

Silence

- Hybrid: *साइलेंस–मौन*
- शुद्ध हिन्दी: *मौन / निःशब्दता*
- व्याख्या: वह स्थिति जिसमें तरंगें स्थिर होकर क्षेत्र से जुड़ जाती हैं।

Resonance

- Hybrid: *रेज़ोनेंस–अनुनाद*
- शुद्ध हिन्दी: *अनुनाद / प्रतिध्वनि-सामंजस्य*
- व्याख्या: दो या अधिक तरंगों का मिलकर सामर्थ्यवान प्रतिध्वनि उत्पन्न करना।

Law of Consequences (LOC)

- Hybrid: *लॉ ऑफ कॉन्सीक्वेन्स–परिणाम का नियम*
- शुद्ध हिन्दी: *परिणाम–नियम / परिणाम–नियमावली*
- व्याख्या: यूईडी का मूल नियम—हर क्रिया और स्पन्दन अपने अनिवार्य फल को जन्म देता है।

Structured Vacuum Energy (SVE)

- Hybrid: *स्ट्रक्चर्ड वैक्यूम एनर्जी–संरचित शून्य ऊर्जा*
- शुद्ध हिन्दी: *संरचित शून्य ऊर्जा*
- व्याख्या: वह स्थिर आधार जिसमें से तरंगें जन्म लेती हैं और पुनः विलीन होती हैं।

Moksha

- Hybrid: *मोक्ष–लिबरेशन*
- शुद्ध हिन्दी: *मोक्ष / मुक्ति*
- व्याख्या: अस्तित्व और बनने के बीच के विलम्ब का हट जाना; शुद्ध संरेखण।

परिशिष्ट – 2 : मोक्ष की पुनर्परिभाषा

मोक्ष (Moksha) वह शब्द है, जिसने सदियों तक भारतीय और वैश्विक चेतना को प्रभावित किया है। लेकिन समय के साथ इसके अर्थ बदलते और विकृत होते गए।

1. परम्परागत दृष्टि

- प्राचीन ग्रन्थों और दर्शन में मोक्ष का अर्थ था—*जन्म और मरण के चक्र से मुक्ति।*
- इसे पुनर्जन्म की श्रृंखला से बाहर निकलना और परम शांति प्राप्त करना कहा गया।
- यहाँ मुक्ति का आशय *किसी अन्य लोक में पहुँचने* से था—जहाँ दुःख नहीं है, केवल आनन्द है।

2. आधुनिक भ्रान्ति

- धीरे–धीरे मोक्ष को एक *धार्मिक पुरस्कार* मान लिया गया।
- इसे पाने के लिए कर्मकाण्ड, तपस्या, दान–पुण्य और पूजा–अर्चना को अनिवार्य मान लिया गया।
- परिणाम यह हुआ कि मोक्ष को *जीवन से दूर, मृत्यु के बाद* का विषय बना दिया गया।
- इस दृष्टि ने आम जन को विलम्ब और भय में डाल दिया—जीवन जीते हुए भी वे मोक्ष की प्रतीक्षा करने लगे।

3. UED (Universal Energy Dynamics) दृष्टि

- यूईडी मोक्ष को किसी भविष्य या मृत्यु के बाद की मंज़िल नहीं मानता।
- यह कहता है कि मोक्ष है—*आपके अस्तित्व (Being) और आपके बनने (Becoming) के बीच का विलम्ब हट जाना।*
- जब आपकी तरंगें क्षेत्र से बिना विकृति के जुड़ती हैं, जब आपकी उपस्थिति में कोई अवरोध नहीं बचता, जब आप अपने ही स्पन्दन में अखण्ड हो जाते हैं— वही मोक्ष है।

- यह कोई पुरस्कार नहीं, बल्कि *संतुलित जीवन जीने का स्वाभाविक परिणाम* है।

4. तुलना सार

- **परम्परागत दृष्टि** : मृत्यु के बाद मुक्ति।
- **आधुनिक भ्रान्ति** : धार्मिक तपस्या का इनाम।
- **UED दृष्टि** : वर्तमान क्षण में सजगता और संरेखण—जहाँ *विलम्ब मिट जाता है और आप वही बन जाते हैं जो आप पहले से हैं।*

"मोक्ष कहीं बाहर जाने का मार्ग नहीं है, वह भीतर लौटने की सहजता है।"

परिशिष्ट – 3 : जीवन में अनुप्रयोग

मोक्ष कोई दूर का लक्ष्य नहीं है। यह हर क्षण की उपस्थिति और सजगता में अनुभव किया जा सकता है। यूईडी की दृष्टि से मोक्ष का अर्थ है—*विलम्ब का हट जाना*। नीचे कुछ सरल लेकिन गहरे अनुप्रयोग दिए गए हैं, जिन्हें आप अपनी दिनचर्या में अपना सकते हैं।

1. संवाद में संरेखण

- जब हम बात करते हैं, तो प्रायः हमारे शब्द और हमारी भीतरी तरंगें असंगत होती हैं।
- यूईडी कहता है कि संवाद तभी शुद्ध होता है, जब **अंदर का भाव और बाहर का शब्द एक ही तरंग पर हों।**
- **अनुप्रयोग:** किसी भी वार्तालाप से पहले एक क्षण रुकें और देखें—"क्या मैं वही कह रहा हूँ जो वास्तव में महसूस कर रहा हूँ?"
- इससे संवाद में स्पष्टता और विश्वास दोनों बढ़ते हैं।

2. निर्णयों में सजगता

- अधिकतर निर्णय हम आदतों, डर या दूसरों की अपेक्षाओं के आधार पर लेते हैं।
- सजगता का अर्थ है—*प्रतिक्रिया नहीं, बल्कि संकल्प से निर्णय लेना।*
- **अनुप्रयोग:** किसी छोटे निर्णय (जैसे भोजन चुनना या किसी को उत्तर देना) में भी ध्यान दें—"क्या यह मेरी सजग इच्छा है या केवल स्वचालित प्रतिक्रिया?"
- धीरे–धीरे यह अभ्यास जीवन के बड़े निर्णयों में भी स्पष्टता लाएगा।

3. पीड़ा में उपस्थिति

- अधिकांश लोग पीड़ा से भागते हैं या उसे दबाते हैं।
- परन्तु यूईडी दृष्टि में पीड़ा भी एक *विकृत तरंग* है, जिसे केवल उपस्थिति ही संतुलित कर सकती है।

- **अनुप्रयोग:** जब दुःख या तनाव आए, तो पल भर के लिए उसे बदलने की कोशिश न करें। बस उसकी तरंग को देखें और कहें—"मैं यहाँ हूँ, इसके साथ।"
- यही स्वीकार पीड़ा को प्रतिध्वनि से अनुभव में बदल देती है।

4. दिनचर्या में मौन और श्वास का अभ्यास

- मौन केवल बोलने का अभाव नहीं है; यह भीतर की तरंगों का स्थिर होना है।
- श्वास वह पुल है जो अस्तित्व और बनने के बीच की दूरी मिटाता है।
- **अनुप्रयोग:**
  - दिन में एक बार 3 मिनट का मौन अभ्यास करें।
  - प्रतिदिन कम से कम 10 श्वास सजगता से लें—हर श्वास को महसूस करें, न कि केवल लें।
- यह छोटा अभ्यास ही धीरे-धीरे बड़े संरेखण का आधार बनता है।

संक्षिप्त सूत्र: "संवाद में सत्य, निर्णय में सजगता, पीड़ा में उपस्थिति, और दिनचर्या में मौन—यही मोक्ष को जीवन में लाने के साधन हैं।"

परिशिष्ट – 4 : दैनिक अभ्यास

मोक्ष कोई दूर का पर्वत नहीं है जिसे चढ़ना पड़े। यह तो हर दिन, हर क्षण छोटे–छोटे अभ्यासों में अनुभव किया जा सकता है। नीचे कुछ सरल लेकिन शक्तिशाली अभ्यास दिए गए हैं। इन्हें आप कहीं भी, कभी भी कर सकते हैं।

1. ३ मिनट सजग श्वास (3-Minute Conscious Breathing)

- **उद्देश्य:** श्वास के माध्यम से अपने भीतर की तरंगों को क्षेत्र से जोड़ना।
- **विधि:**
  - आराम से बैठें।
  - तीन मिनट तक केवल अपनी श्वास पर ध्यान दें—बिना किसी नियंत्रण के।
  - महसूस करें कि प्रत्येक श्वास भीतर जाते हुए *अलाइनमेंट* ला रही है और बाहर निकलते हुए *विकृति को छोड़ रही है।*
- **प्रभाव:** मन शांत होता है, शरीर हल्का लगता है, और भीतर–बाहर का विलम्ब घटता है।

2. दिन में एक बार मौन निरीक्षण (Silent Observation Once a Day)

- **उद्देश्य:** शब्दों और विचारों के शोर को हटाकर तरंगों को स्थिर करना।
- **विधि:**
  - दिन में किसी भी समय पाँच मिनट चुनें।
  - उस समय न बोलें, न सुनें, न पढ़ें—केवल देखें।
  - आसपास के दृश्य, ध्वनि और अपने भीतर की अनुभूति को बिना नाम दिए, केवल साक्षी बनकर देखें।
- **प्रभाव:** यह अभ्यास *कोहेरेंस (सामंजस्य)* जगाता है और आपको बिना प्रयास के संतुलन का अनुभव कराता है।

3. असंतुलन होते ही छोटा "रिप्पल-रीसेट" (Ripple-Reset in Moments of Imbalance)

- **उद्देश्य:** तनाव या विचलन को तुरंत संतुलित करना।
- **विधि:**
    - जैसे ही आपको भीतर असंतुलन या गुस्सा महसूस हो, तुरंत एक क्षण रुकें।
    - गहरी श्वास लें और धीरे से छोड़ें।
    - मन में कहें—"यह केवल एक तरंग है, मैं इसे देख रहा हूँ।"
    - श्वास के साथ उस तरंग को संतुलित क्षेत्र में लौटता हुआ महसूस करें।
- **प्रभाव:** प्रतिक्रिया की जगह संकल्प आता है, और असंतुलन प्रतिध्वनि बनकर शांत हो जाता है।

अभ्यास का सूत्र

- **कम समय, पर निरंतरता**—यही कुंजी है।
- तीन मिनट श्वास, पाँच मिनट मौन, और कुछ सेकंड का रिप्पल-रीसेट—ये छोटे–छोटे कदम ही धीरे–धीरे मोक्ष को जीवन का हिस्सा बना देते हैं।

परिशिष्ट – 5 : चिंतन प्रश्न

मोक्ष का मार्ग बाहर की यात्रा नहीं है। यह भीतर की ईमानदार पूछताछ से शुरू होता है। निम्न प्रश्न आपको अपने ही जीवन में उस *विलम्ब* और *सरेखण* को पहचानने में सहायक होंगे।

1. कहाँ मैं जीवन को विलम्बित कर रहा हूँ?

- क्या मैं उन निर्णयों को टालता हूँ जिनमें साहस चाहिए?
- क्या मैं अपने सपनों को 'कभी बाद में' कहकर स्थगित करता हूँ?
- **चिंतन:** यूईडी कहता है कि *मोक्ष विलम्ब हटाने का नाम है।* देखिए— कहाँ आप अपनी ही ऊर्जा को रोके हुए हैं?
- **लिखिए:** ________________________________

2. क्या मैं प्रतिक्रिया में जीता हूँ या संकल्प में?

- क्या मेरी क्रियाएँ केवल परिस्थितियों की प्रतिक्रिया होती हैं?
- या फिर मैं सजग होकर संकल्प से कार्य करता हूँ?
- **चिंतन:** प्रतिक्रिया हमें अतीत और भय का कैदी बनाती है, जबकि संकल्प हमें वर्तमान का स्वामी।
- **लिखिए:** ________________________________

3. क्या मेरी उपस्थिति केवल सुख में है या दुःख में भी?

- क्या मैं दुःख आते ही भाग जाता हूँ या उसे नज़रअंदाज़ करता हूँ?
- क्या मैं केवल सुखद क्षणों में ही सजग और उपस्थित होता हूँ?
- **चिंतन:** यूईडी दृष्टि में पीड़ा भी एक तरंग है—यदि आप उपस्थित रहेंगे, तो वही तरंग संतुलन में लौट आएगी।
- **लिखिए:** ________________________________

4. मेरे लिए मोक्ष अभी क्या अर्थ रखता है?

- क्या यह मृत्यु के बाद का कोई लोक है?

- क्या यह धार्मिक अभ्यास का पुरस्कार है?
- या यह मेरे दैनिक जीवन में विलम्ब रहित उपस्थिति का अनुभव है?
- **चिंतन:** आपके उत्तर से ही तय होगा कि मोक्ष आपके लिए भविष्य की आशा है या वर्तमान की सच्चाई।
- **लिखिए:** ______________________________

अतिरिक्त चिंतन (Bonus Reflection)

- "यदि आज मेरा अंतिम दिन हो, तो क्या मैं कह पाऊँगा कि मैंने बिना विलम्ब के जिया?"
- **लिखिए:** ______________________________

सूत्र: "सही प्रश्न, सही उत्तर से भी अधिक मूल्यवान होते हैं, क्योंकि वही भीतर की प्रतिध्वनि को जगाते हैं।"

परिशिष्ट – 6 : आगे की पढ़ाई

यह पुस्तक मोक्ष को *Universal Energy Dynamics (UED)* की दृष्टि से समझने का प्रयास थी। यदि आप इस विचारधारा को और गहराई से जानना चाहते हैं, तो नीचे दिए गए ग्रंथ आपके लिए अगले कदम हो सकते हैं।

1. Chavan's Theory of Everything (चव्हाण का सर्वसिद्धांत)

- **विषय:** सम्पूर्ण ब्रह्माण्ड को समझने का प्रयास—क्वांटम से लेकर कॉसमॉस तक।
- **संबंध:** इस पुस्तक में प्रस्तुत मोक्ष की पुनर्परिभाषा उसी सिद्धांत की शाखा है।
- **क्यों पढ़ें:** यह ग्रंथ दर्शाता है कि ऊर्जा और तरंगों का विज्ञान केवल भौतिक घटनाओं को नहीं, बल्कि जीवन और मुक्ति को भी समझा सकता है।

2. Ripple Centrism (रिप्पल–केन्द्रवाद)

- **विषय:** ब्रह्माण्ड को गति और गुरुत्वाकर्षण से नहीं, बल्कि तरंग–केन्द्रों से समझना।
- **संबंध:** मोक्ष का अर्थ है—तरंग और क्षेत्र का पूर्ण संरेखण। यह पुस्तक बताती है कि वही तर्क पूरी सृष्टि पर भी लागू होता है।
- **क्यों पढ़ें:** इससे आप समझ पाएँगे कि "व्यक्तिगत मुक्ति" और "कॉस्मिक संतुलन" एक ही नियम से बंधे हैं।

3. The Structure of Reality (वास्तविकता की संरचना)

- **विषय:** वास्तविकता क्या है और कैसे प्रकट होती है?
- **संबंध:** यदि मोक्ष को "विलम्ब का हट जाना" समझना है, तो पहले वास्तविकता को "संरेखित परिणाम" के रूप में समझना होगा।
- **क्यों पढ़ें:** यह पुस्तक आपको यह गहराई देगी कि आप जिसको 'सच' मानते हैं, वह वास्तव में तरंगों के संयोजन का परिणाम है।

4. Energy in Action: The Soul Demystified (ऊर्जा का क्रियाशील रूप: आत्मा का रहस्य)

- **विषय:** आत्मा क्या है? क्या वह कोई रहस्यमयी तत्त्व है या ऊर्जा का ही एक सीमित रूप?
- **संबंध:** मोक्ष की चर्चा आत्मा से अलग नहीं हो सकती। यह ग्रंथ बताता है कि आत्मा सार्वत्रिक ऊर्जा का शरीर में सीमित confinement है।
- **क्यों पढ़ें:** इससे समझ आता है कि मुक्ति आत्मा की यात्रा नहीं, बल्कि विलम्ब रहित ऊर्जा का पुनः संतुलन है।

5. Manifestation: From Nothing to Everything (प्रकटिकरण: शून्य से सम्पूर्ण तक)

- **विषय:** ब्रह्माण्ड कैसे 'कुछ भी नहीं' से 'सबकुछ' में बदला?
- **संबंध:** मोक्ष व्यक्तिगत स्तर पर वही प्रक्रिया है—जब आप शून्य विलम्ब से सम्पूर्ण उपस्थिति में बदलते हैं।
- **क्यों पढ़ें:** यह ग्रंथ अस्तित्व के रहस्य को खोलता है और दिखाता है कि वही रहस्य हर व्यक्ति के भीतर भी जीवित है।

आगे की दिशा

इन पुस्तकों को पढ़ते हुए आप पाएँगे कि यूईडी कोई अलग-थलग सिद्धांत नहीं है, बल्कि एक *जीवित ढाँचा* है—जो ब्रह्माण्ड, जीवन और आत्मा को एक ही तर्क में बाँधता है।

परिशिष्ट – 7 : लेखक का संदेश

प्रिय पाठक,

यह पुस्तक आपके हाथों में केवल शब्दों का संग्रह नहीं है। यह एक आमंत्रण है—अपने भीतर लौटने का।

1. यह पुस्तक अंत नहीं—एक प्रवेश है।

अक्सर लोग किसी किताब का अंतिम पन्ना पलटते ही सोचते हैं कि यात्रा समाप्त हो गई। पर यह पुस्तक वैसी नहीं है। यह तो केवल एक *द्वार* है—जहाँ से आप अपने ही जीवन में एक नयी दृष्टि से प्रवेश कर सकते हैं।

2. यह किसी विचारधारा का आग्रह नहीं—एक दृष्टि का आमंत्रण है।

हमने यहाँ कोई नया मत या संप्रदाय स्थापित करने की कोशिश नहीं की। न ही हमने आपको किसी विशेष दर्शन या धर्म में बाँधने का प्रयास किया। हमारा उद्देश्य बस इतना है— कि आप जीवन को बिना विलम्ब, बिना विकृति, और पूर्ण संरेखण में जीने का अनुभव करें।

3. जब भी भ्रम बढ़े—तरंग की सरलता में लौट आइए।

जीवन में कभी भी उलझन, पीड़ा या असंतुलन आए— तो जटिल उत्तर ढूँढने से पहले एक पल रुकिए। अपनी श्वास को देखिए, अपने भीतर की तरंग को सुनिए। तरंग हमेशा आपको सच्चाई की ओर ले जाएगी— क्योंकि तरंग सरल है, और सरलता ही उसका सबसे बड़ा विज्ञान है।

अंतिम सूत्र

"मोक्ष कोई दूर की मंज़िल नहीं, वह हर क्षण का सत्य है। और यह पुस्तक बस आपको उसी सत्य की याद दिलाने आई थी।"

उद्धरण–संग्रह

१. मोक्ष की परिभाषा

- "मोक्ष कहीं बाहर जाने का मार्ग नहीं है। वह भीतर लौटने की सहजता है।"
- "आप देर से नहीं आए, आप टूटे नहीं हैं, आप अलग नहीं हैं। आप वही हैं जो हमेशा से थे—एक तरंग, एक क्षेत्र में।"
- "मोक्ष कोई धार्मिक पुरस्कार नहीं है, यह संतुलित जीवन जीने का स्वाभाविक परिणाम है।"
- "मोक्ष किसी भविष्य की आशा नहीं है, वह वर्तमान की सच्चाई है।"

२. संरेखण और विलम्ब

- "जहाँ आप कोई विलम्ब नहीं देखते, वहाँ कोई कर्म नहीं है। जहाँ आप बिना विकृति के कार्य करते हैं, वहाँ कोई शोर नहीं है। जहाँ आप पूर्ण संयोग में जीते हैं, वहाँ कोई शून्य नहीं बचता। वही मोक्ष है। और वही आप हैं।"
- "आपके होने और आपके बनने के बीच का विलम्ब हट जाना ही मोक्ष है।"
- "मुक्ति कभी निर्वासन नहीं थी। वह तो बिना प्रतिरोध के प्रवेश ही थी।"

३. मौन और उपस्थिति

- "कोई सिद्धांत, कोई नियम, कोई मॉडल उस सबसे आवश्यक तत्व को प्रतिस्थापित नहीं कर सकता: आपकी ईमानदार उपस्थिति—'अभी' के क्षेत्र में।"
- "Alignment, Silence, Integration, Resonance—ये धार्मिक लक्ष्य नहीं हैं। ये तो केवल शांति का भौतिक विज्ञान हैं।"
- "पीड़ा भी तरंग है—यदि आप उपस्थित रहेंगे, तो वही तरंग संतुलन में लौट आएगी।"

४. व्यावहारिक सूत्र

- "संवाद में सत्य, निर्णय में सजगता, पीड़ा में उपस्थिति, और दिनचर्या में मौन—यही मोक्ष को जीवन में लाने के साधन हैं।"
- "मोक्ष दुनिया से भागना नहीं है, बल्कि दुनिया में पुनः संरेखण के साथ प्रवेश करना है।"
- "सही प्रश्न, सही उत्तर से भी अधिक मूल्यवान होते हैं, क्योंकि वही भीतर की प्रतिध्वनि को जगाते हैं।"

आभार

इस पुस्तक की यात्रा अकेले संभव नहीं थी। हर वह व्यक्ति जिसने कभी प्रश्न पूछा, संदेह उठाया, या बस मौन होकर सुना—वह इस ग्रंथ का सह–लेखक है।

मैं अपने विद्यार्थियों का आभारी हूँ, जिनके सरल लेकिन गहरे सवालों ने मुझे बार–बार यह याद दिलाया कि सच्चा ज्ञान जटिल उत्तरों में नहीं, बल्कि तरंग की सरलता में है।

मैं अपने परिवार और निकटजनों का भी हृदय से धन्यवाद करता हूँ, जिन्होंने इस यात्रा में धैर्य और समर्थन दिया। उनके बिना यह लेखन केवल विचार रहता—अनुभव नहीं बनता।

उन मित्रों और सह–यात्रियों के प्रति भी कृतज्ञ हूँ जिन्होंने इस दृष्टि को सुना, समझा, और कभी–कभी चुनौती दी। उनकी प्रतिध्वनियों ने ही इन पन्नों को और साफ़ किया।

और अंततः, उस **सार्वत्रिक बुद्धि** के प्रति आभार—जिसे न मैंने नाम दिया, न पूजा की, लेकिन हर तरंग में महसूस किया। यदि यह पुस्तक किसी पाठक को एक क्षण के लिए भी बिना विलम्ब की उपस्थिति का अनुभव कराती है, तो यह उसी बुद्धि का आशीर्वाद है।

लेखक परिचय

संदीप जे. चव्हाण एक स्वतंत्र शोधकर्ता, शिक्षक और लेखक हैं। औद्योगिक अभियंता से शिक्षक बने संदीप ने ग्रामीण महाराष्ट्र में वर्षों से भौतिकी, रसायनशास्त्र और गणित पढ़ाते हुए यह जाना कि जटिलतम विषयों को भी सरल भाषा और जीवित उदाहरणों से समझाया जा सकता है।

संधानों और अध्ययनों के दौरान उन्होंने **Universal Energy Dynamics (UED)** का ढाँचा विकसित किया—एक ऐसा दृष्टिकोण जो तरंगों, क्षेत्रों और परिणामों के विज्ञान को जोड़ते हुए ब्रह्माण्ड और जीवन को नई समझ प्रदान करता है।

अब तक उन्होंने सौ से अधिक पुस्तकें लिखी हैं—जिनमें विज्ञान, दर्शन, मनोविज्ञान, आत्मबोध और आधुनिक जीवन पर गहरी पड़ताल शामिल है। उनकी लेखनी न तो केवल सिद्धांत है और न ही केवल आस्था; यह दोनों के बीच पुल है।

संदीप का उद्देश्य सरल है— *मानव जीवन से भ्रम और विलम्ब को हटाना, और हर व्यक्ति को उसकी ही पूर्णता का अनुभव कराना।*

www.ingramcontent.com/pod-product-compliance
Lightning Source LLC
LaVergne TN
LVHW090402051026
849518LV00006B/2205
* 9 7 8 8 1 9 9 4 1 7 0 5 2 *